BARKERBOOKS

QUERIDA DARINKA

Derechos Reservados. © 2023, JESSICA PATRICIA CAMINO CORTÉS

Edición: Sharon Picazo | BARKER BOOKS®
Diseño de Portada: Jorge Fernández Rodríguez | BARKER BOOKS®
Diseño de Interiores: Jorge Fernández Rodríguez | BARKER BOOKS®

Primera edición. Publicado por BARKER BOOKS®

I.S.B.N. Paperback | 979-8-89204-054-9
I.S.B.N. Hardcover | 979-8-89204-055-6
I.S.B.N. eBook | 979-8-89204-053-2

Derechos de Autor - Número de control Library of Congress: 1-12967253182

Todos los derechos reservados. No se permite la reproducción total o parcial de este libro, ni su incorporación a un sistema informático, ni su transmisión en cualquier forma o por cualquier medio, ya sea electrónico, mecánico, fotocopia, grabación u otros, sin autorización expresa y por escrito del autor. En caso de requerir o solicitar permiso del autor, envía un email a la casa editorial o escribe a la dirección abajo con el motivo "Atención: Coordinación de Solicitud de Permiso". La información, la opinión, el análisis y el contenido de esta publicación es responsabilidad de los autores que la signan y no necesariamente representan el punto de vista de BARKER BOOKS®, sus socios, asociados y equipo en general.

BARKER BOOKS® es una marca registrada propiedad de Barker Publishing, LLC.

Barker Publishing, LLC
500 Broadway 218, Santa Monica, CA 90401
https://barkerbooks.com
publishing@barkerbooks.com

Querida Darinka

JESSICA CAMINO

A Darinka, por haber sido guía e inspiración.

A mis sobrinas Valeria, Jade y Anahí porque cada vida es distinta, pero muchas situaciones son similares y tal vez les sirva saberlo.

A las mujeres en menopausia, porque merecemos ser vistas y escuchadas.

A los migrantes, porque un día se reconozca el valor que implica salir de la zona de *confort* para ir en búsqueda de un sueño y se les reciba con dignidad.

A José, porque no suelta mi mano.

CONTENIDO

LA PARTIDA 9

LA INICIACIÓN 73

EL DESPERTAR... 117

LA LIBERACIÓN 157

LA PARTIDA

Terminé de verter el agua dentro de la tetera y la coloqué sobre el fuego. Me dirigía hacia la terraza a encender la computadora cuando el cartero tocó la campana. Caminé hacia la puerta para recibir un paquete cuyo remitente confirmaba mis sospechas. No esperaba que por fin llegara el día para recibir mis cartas; hace unos meses estaba en tu funeral incrédula sobre tu partida tan repentina y ahora parece que fue ayer cuando te esperé en la recepción de tu consultorio por más de dos horas.

Traté de contener las lágrimas al entrar. Todos los presentes eran desconocidos para mí y, a pesar de que sus rasgos eslavos reproducían algunos de tus gestos, desconocía los nombres y el parentesco contigo. Hubiera querido entrar y desbordarme en llanto frente a tu féretro, pero me contuve por no parecer la loca que había perdido a un amante, como la desconocida que evidencia la vida secreta del difunto. La noche anterior, cuando supe de tu partida, me sorprendí a mí misma llorando inconsolable como quien pierde a una madre o al amor de su vida.

Era como si hubieras sentido que este día estaba por llegar; hacía solo unas semanas que hablamos sobre tu partida, lloramos y nos abrazamos. Nos dijimos cuánto nos queríamos y lo mucho que apreciábamos, ambas, la oportunidad de habernos conocido. Treinta años se dicen fácil, pero son todo el trayecto de mi irresponsable inmadurez hasta el día de hoy en el que soy capaz de tomar decisiones importantes, y hasta de afrontar la vida con sabiduría dando consejos a diestra y siniestra siendo una inspiración para los temerosos de crecer.

Cuando desperté por la mañana, las lágrimas rodaban sobre mis mejillas sin control. Tus palabras retumbaban fuerte dentro de mis oídos, cuya memoria auditiva los hace tan hábiles para recordar timbres de voz, tanto que son capaces de hacerme sentir la presencia hasta de quienes no quisiera volver a escuchar jamás cada vez que los recuerdo. Mientras me duchaba, me preguntaba cómo había podido suceder, me culpaba por no haber insistido en obtener más información sobre tu diagnóstico cuando recibí la llamada en la que te disculpaban por no haber asistido a nuestra cita. Sabía que algo había pasado porque nunca habías faltado; eras siempre puntual, estabas siempre presente.

Tenía mucho que hacer ese día, pero lo único que quería era llorar o, mejor dicho, llorarte. Pero no lo hice hasta la noche que pude asistir a nuestro último encuentro de cuerpo presente, el último adiós a tu cuerpo físico que yacía ahí, dentro esa caja rodeada de flores frente a la que no pude resistir las lágrimas y, sin importar descubrirme, te lloré y te pregunté mil veces por qué te habías ido sin avisar justo cuando necesitaba tanto de ti. Mientras mis ojos derramaban lágrimas, sentí una mano sobre el hombro acompañada de una voz desconocida con un acento entre familiar y ajeno; me comunicó:

—Tranquila, no estás sola.

Tuve que voltear por cortesía. Algo apenada, tomé su mano y agradecí a tu tía por sus palabras y el apoyo moral. También yo había perdido a un ser querido, aunque para los presentes no fuera tan evidente, pues mi cara no les era familiar. Supe que era tu tía porque, cuando apenas pude contener mi llanto, se presentó y me preguntó mi nombre.

—¡Ah! Tú eres la de la cita —entonó.

Sí, yo soy la que te esperó por última vez en ese espacio que era una guarida, un recinto de paz, un refugio y un calabozo para mí. Ese lugar en el que me desnudaba el alma en ocasiones, y en otras me la protegía para no dejar entrada a tus duras palabras. Yo era la que esperó por más de dos horas como si supiera que al salir de ahí, nada volvería a ser igual. Era la que se aferró a esperarte hasta el absurdo como si supiera que después de ese día tendría que andar por el mundo sola, sin tus consejos, sin tus regaños, sin tus sabias reflexiones y tus infinitos recursos. Como si el olor de ese espacio debiera penetrar en mi piel para no olvidar nunca lo que ahí había aprendido, pues ya no habría nadie que volviera a recordármelo. A partir de ese día tendría que caminar con mi propia brújula y sin copiloto; tal vez por eso retrasé mi salida, tal vez por eso esperé mucho más de lo acostumbrado y te llamé dos veces esperando que respondieras y te disculparas por tu retraso, tal vez.

Me presenté señalando las flores que había mandado esa mañana en un arreglo que incluía un crucifijo. Yo odio los crucifijos, tú siempre lo supiste. La idea de llevar como estandarte el lugar de la muerte de un ser querido siempre me ha parecido espeluznante. Pero las cosas ganan valor cuando quienes las aman se convierten en ángeles; entonces gobiernan las cosas que valen. Para ti era un símbolo importante, y en tu despedida quise rodearte de lo que fuera valioso para ti.

Hablamos un poco sobre tu estancia en el hospital hasta que comenzó la misa. Sabes bien que solo acudo a esos eventos cuando se trata de personas importantes para mí; las misas y sus repeticiones memorizadas siempre me han parecido vanas. Tú mejor que nadie sabes que prefiero la introspección por encima del sermón. Durante el discurso del padre, mi mente volaba entre recuerdos y vacío, ese vacío que dejan solo los que han pisado fuerte sobre nuestro terreno, aquellos con los que se plantaron árboles, se recogieron flores y en cuyo regazo se miraron las nubes moverse con el viento. El vacío que dejan los que nos confrontan con aquello que somos y no queremos ver, que nos ponen frente al espejo para mirar los demonios que negamos, los fantasmas que llevamos dentro y las flores con las que los hemos adornado para justificar su presencia en nuestras vidas.

Me preguntaba dónde estarías justo en ese momento. Yo estaba distraída buscando alrededor tu sonrisa y, a pesar de mirar tantas caras que llevaban tus rasgos, no sentía tu calor. No estabas ahí para pasarme un pañuelo desechable mientras lloraba. También me faltaba tu mirada, esa que era como el cuchillo de un carnicero: penetraba filosa hasta el fondo, atravesando todo obstáculo que me impidiera llegar hasta el espacio donde el dolor ya no dolía y, justo ahí, dejabas la semilla.

Siempre confiaste en mí más de lo que confiaba en mí misma, por eso tus semillas daban frutos, porque donde yo veía desierto, tú veías tierra fértil. Frutos que he cosechado a lo largo de todos los años que pasaron sin verte y que compartí contigo en estas cartas que hoy recibo. La misa estaba por terminar y mientras todos caminaban hacia el padre para tomar la comunión, me quedé arrodillada tratando de sentir tu abrazo. Ansiaba que ese momento no terminara nunca porque sentía que una vez saliendo de ese cuarto frío, mi rumbo automáticamente perdería las coordenadas.

Confieso que no te necesité en veinte años tanto como te necesitaba ahora que volvíamos a vernos. Por años me bastaba escribirte y, al hacerlo, imaginaba un diálogo contigo en el que siempre encontraba las palabras justas que me ayudaban a dar el siguiente paso. A veces, incluso me decía lo que quería escuchar, a diferencia de nuestros encuentros en los que tantas veces salí prometiéndome nunca volver y odiando cada una de tus palabras porque me obligaban a callar a esa víctima que me gustaba ser y a despertar a la mujer en la que debía convertirme. Finalmente, me alcé del reclinatorio y me sequé las lágrimas con lo que quedaba del pañuelo húmedo y rasgado que llevaba en la mano. Miré por última vez tu foto y fui la primera en salir dejando atrás tu cuerpo, pero llevando en mí tu recuerdo y todo lo que me sembraste.

El agua de la tetera ya hervía y su chillido me devolvió al mundo. Entonces abracé este paquete como si te hubiera recibido a ti después de una larga partida. Es curioso, en él estoy yo, mis vivencias, mis anécdotas y reflexiones, pero de alguna manera, es como si al haberlas compartido contigo a lo largo de los años en ellas estuvieras tú. Abrí el paquete que contenía una caja de cartón rosada y atada con un listón dentro de la cual estaban mis escritos. Vertí agua dentro de mi taza, coloqué la bolsita de té, tomé la caja bajo mi brazo y caminé a la terraza. Cerré la computadora que apenas había abierto antes de poner la tetera al fuego y empecé a leer. No podía esperar un minuto más para encontrarme contigo a través de mis palabras. No quería esperar a encontrarme conmigo a través de tus recuerdos.

Roma, Italia, 25 de diciembre del 2000.

Querida Darinka:

Sabes que siempre prefiero ver el lado positivo de las cosas y me gusta buscar el más tenue filo de luz que entra por la ventana; que siempre prefiero hablar del amor por encima de las lágrimas que se derraman a causa de entregar el corazón. Quisiera que esta carta fuera una muestra de lo que te acabo de describir, pero confieso que me está resultando difícil encontrar esa luz.

Apenas hace unas semanas que nos despedimos, Darinka, y me parece que fue ya una eternidad. Mi llegada a Italia fue tal y como la esperaba después de los eventos anteriores a mi boda. Me siento completamente fuera de lugar y dudosa en cuanto a mi decisión, a pesar del amor que siento por Lucca. Bien sabes que no soy de las personas que titubean cuando toman un rumbo, pero mis días han estado llenos de preguntas sin respuesta. El cambio de planes con relación al lugar donde pasaremos el próximo año en verdad me sacó de balance. Dejar mi casa y mi intimidad para venir a vivir con mis suegros ha sido una muy mala decisión por parte de Lucca y no puedo quitarme el enojo que continuamente se refleja en mis actitudes y mi estado emocional bajoneado desde que llegué.

Mi familia política es encantadora en muchos aspectos, sin duda. Giulia es muy dulce y siempre busca ayudarme a estar mejor. Antonella me consiente mucho cocinando la comida que me gusta, preparando mi cama por las noches con bolsas de agua caliente para que no pase frío y trayéndome *dolcetti* para mitigar mi tristeza. Alessio, mi suegro, es muy simpático. Él es con quien platico usando mi todavía poco fluido italiano, pues su dialecto napolitano y mi ítalo-español se entienden muy bien.

Creí que sería capaz de hablar un italiano mucho más fluido, pero cuando hablo con otras personas, me doy cuenta de que no es así por su cara de signo de interrogación que me evidencia. Como Alessio habla mitad napolitano y mitad italiano, nos entendemos muy bien y pasamos mucho rato hablando; bueno, en realidad no sé si nos entendemos, pero nos entretenemos bastante. A veces solo oigo las carcajadas de Lucca que nos escucha desde la recámara y rápidamente viene a regañarnos y corregirnos.

—*Mortacci vostra!* —expresa riendo y levantando la mano con esa seña que usan aquí mientras dicen esa frase que todavía no sé bien lo que significa, como si quisieran pegarte un sape en la cabeza. Desconozco que quieren decir, pero me causa mucha gracia. No la paso mal en general, pero me siento completamente fuera de órbita.

Ese ambiente tan íntimo, que hace unos años me enamoró de la familia de Lucca, hoy me resulta tan limitante que no sé cómo lidiar con él. Extraño mi casa, mi libertad, mi soledad, mi gato. No sabes cómo echo de menos a Maximiliano; a ratos quisiera tomar un avión y volver por él. Quiero creer que cuando tengamos nuestra casa propia podré traerlo conmigo, pero cada vez que lo menciono, Lucca me mira sin decir palabra, sus ojos denotan inaceptación.

Siento que me secuestraron la vida, que debo pasar por el consejo de administración para tomar cada decisión y yo no sé si podré vivir una vida así, Darinka. No sé si seré capaz de someter mi voluntad por el bien de sostener un matrimonio, *en pos* de tener una familia y mantener el equilibrio de todos los demás. Siempre creí que esto era lo que yo quería. Cuando conocí a los De Carlo, me enamoré de las comidas en familia, todos sentados a la mesa hablando a gritos, una voz por encima de la otra, como lo hacen los italianos. Pareciera que no se escucharan y, sin embargo, están bien enterados no solo de la conversación con su interlocutor, sino también de la de los otros que no se dirigen a ellos.

Me gustaba que *Mamma* Antonella cuidara tanto de Giulia, siempre le traía un regalo, un detalle, un encargo. Siempre tan unidas y amorosas entre ellas. Me encantaba cuando Giulia abrazaba a Antonella, le daba un beso y le decía *Mammina*. Tal vez anhelaba que las cosas fueran así para mí, no sentía envidia, pero sí me daba nostalgia. Las risas mientras comían todos juntos, las conversaciones, el apoyo que daban los papás a los hijos me parecía tan perfecto que me enamoré. Aún sigo pensando que es hermoso, solo tengo duda de si esto es para mí.

Hoy es Navidad, comimos todos juntos porque aquí, a diferencia de nosotros, el día especial es el 25, no el 24. Fue una linda comida en la que Antonella se esforzó por darme gusto cocinando *lasagna* y *polpette*, que son mis platillos favoritos. Pero extrañé el bacalao al estilo de mi abuela que ella bautizó como "bacalado". Luego comimos un rico pastel de chocolate que trajo Giulia hecho en casa, intercambiamos algunos regalos y para las cinco de la tarde estábamos recogiendo la mesa y alistándonos para el día siguiente.

Increíblemente, extrañé la tradición de sentarnos a cenar el 24 con el árbol encendido, rodeado por los regalos y las velas alumbrando la mesa. Aunque los últimos años no han sido exactamente lo que considero una "Feliz Navidad", aún conservo bellos recuerdos de aquellas noches en las que decorábamos la mesa con todos esos lindos detalles que mi mamá había acumulado a lo largo de la vida. Los cubre botellas de monaguillos sonrientes hechos en fieltro, que colocábamos sobre el trinchador, me recordaban mi infancia, pues ya desde la casa en Echegaray, donde viví hasta los ocho años, decoraban los muebles estilo italiano del comedor.

En el árbol de Navidad de esa misma casa, cada año cambiaba la decoración; algunos lo decoramos con galletas de jengibre de la panadería alemana, otros con chocolates de ese mismo lugar. Para la Nochebuena, el árbol ya estaba casi pelón. Mi mamá hacía corajes, pero a la vez lo gozaba, ya que nuestro entusiasmo no le dejaba opción. Las nochebuenas que rodeaban las copas también eran de fieltro y los pétalos estaban unidos por unas ligas que se estiraban para dejar pasar la base de la copa y descansar sobre de ella la flor que decoraba alegre la mesa, junto con los caminos que mi mamá hacía para vender. Cada año añadíamos algún nuevo objeto que se sumaba a la alegría que me daba poner la mesa como me enseñaron mi madre y mi abuela que era tan ceremoniosa y a quien le gustaba tanto lo elegante y refinado.

Aquí no es tan pomposo el tema; todo es mucho más simple y sin mucho ánimo de celebración. No obstante, es la primera vez que nos sentamos en la mesa del comedor, lo cual denota la importancia del evento. Siendo los italianos tan religiosos, particularmente los romanos, esperaba más movimiento, pero supongo que a nosotros nos viene más de los americanos consumistas que aprovechan el entusiasmo para vendernos cuanta cosa se les ocurre y crear fantasía sobre la Navidad que tan bien hemos acogido los mexicanos.

Estoy en mi cama. Mientras escucho que hablan en la cocina, de pronto tuve la necesidad de hablar con alguien, pero creo que si llamo, voy a romper en llanto y no sería un buen regalo de Navidad para nadie en México. Darinka, querida, no puedo expresarte lo mucho que te extraño; todas las veces que me siento como hoy, cierro los ojos y recuerdo tu abrazo cuando nos despedimos. Trato de pasar los días sin pensar, pero justo ahora solo quisiera abrazar a Max, mi gato adorado que malamente acepté dejar atrás.

Quisiera estar sentada en mi departamento mirando las luces de los árboles detrás de las ventanas del edificio de enfrente y escuchar una voz familiar detrás del teléfono que me platicara lo que le trajo Santa Claus. Espero que el plan para celebrar el Año Nuevo sea un poco más animoso y que, al darle la vuelta al calendario, empiecen a soplar aires de optimismo para mí. Sé bien que dirías que todo depende de mí, pero no sé aún cómo es que un pez puede sobrevivir fuera del agua a menos que en realidad sea solo un renacuajo que está a punto de convertirse en rana. ¡Espero con ansia que me salgan ancas para saltar a ese nuevo mundo!

Te quiero y te abrazo con mucho amor en la distancia. Deseo que hayas pasado una feliz Navidad en compañía de tu familia y que el 2001 te llene de bendiciones. Gracias por estar presente aún en la distancia, en mis recuerdos y con tus palabras que me recuerdan continuamente que debo danzar bajo la lluvia.

Abrir esa caja fue como recibir un obsequio de alguien que te conoce muy bien, pero que te ha sorprendido con un regalo del que no tienes idea porque ni siquiera es una ocasión especial. Una caja cuyo contenido desconoces por completo, pero tienes la absoluta certeza de que será algo que no solo te gustará, sino que, además, se acomodará exacto a tu medida. Me sorprendió mucho que las cartas están ordenadas cronológicamente, o al menos eso alcancé a ver. Esperaba encontrar sobres y cartas desperdigadas dentro de la caja sin ton ni son. No obstante, cada carta está minuciosamente doblada tal y como yo la envié, no dentro de su sobre, pues se encuentran detrás de cada una, unidas por un clip.

No recordaba que nunca puse mi dirección en el remitente. Tal vez era ya una premonición de lo que estaba por venir, un presagio de que los años que vendrían se convertirían en la búsqueda constante de un hogar. Seguramente, necesitaba quitarte de los hombros la responsabilidad de responder a mis cartas. En este momento me cuesta trabajo recordar exactamente lo que pasaba por mi mente justo cuando decidí comenzar a escribirte, pero si hoy te volviera a escribir, lo haría con la intención de buscar tus palabras de consuelo y sabios consejos una vez más.

Quisiera poder escribir mi dirección en el sobre y esperar la correspondencia cada mañana con la esperanza de que un día, entre recibos que pagar y publicidad inútil, llegaran tus palabras sobre un papel. Apenas empezaba a ordenar mis ideas cuando te fuiste, no pensé que nuestro reencuentro fuera a ser tan breve, al menos en el plano físico. Justo ahora, mientras me siento de nuevo con la caja sobre mis piernas, siento que estoy por comenzar un viaje de tu mano.

Si mi vida fuera una película, esta sería una escena en la que espontáneamente, después de unos cuantos tragos, decido huir de la mano de mi amiga para emprender una nueva aventura. Después de correr emocionadas hasta la estación de autobuses y comprar un boleto hacia el destino que marque el primer autobús próximo a partir, estaríamos sentadas en nuestros asientos mirándonos emocionadas sin conocer el futuro. El corazón palpitaría fuerte, la emoción de lo nuevo es tan predominante que no permitiría decodificar los pensamientos que se deslumbran por la excitación de aquello que no se ve, pero que brilla y alumbra todo el espacio donde estamos justo ahora.

La escena bien podría ser el final de una historia. Una historia de retos y desafíos en la que las protagonistas consiguen escapar, vencer el miedo a lo desconocido y romper las ataduras que las mantienen en el lugar de donde parten. Una historia de amor y pasión por la vida de la cual conozco el final, pero no recuerdo la trama a detalle. Mi sorpresa leyendo esta primera carta es darme cuenta de que, en gran medida, lo que describo en ella es un sentimiento muy actual a casi veinte años de habértela enviado, y aun habiendo superado todo lo que sucedió por aquellos años y vivido en tiempos dorados.

He aprendido con la numerología que la vida no es cíclica, sino una espiral ascendente que gira sobre el mismo eje. Nunca toca el mismo lugar, más bien recorre un camino que ofrece retos que en el fondo se parecen, aunque en la forma siempre son distintos. La vida, si fuera un fenómeno periódico, nos pondría siempre los mismos acontecimientos en los que llegaríamos una y otra vez al mismo punto sin evolución alguna, viviendo la misma experiencia repetidamente. Saber que no volveré a pisar el mismo camino me reconforta, pero justo ahora me cae como anillo al dedo poder revisar las lecciones.

Roma, marzo 10 del 2001

Querida Darinka,

La verdad es que en mi última carta quise ser lo más optimista posible porque me apena llenar tu buzón con malas noticias. La verdad no peca, pero incomoda. Yo no quiero incomodarte; las cosas por acá están fatales. De verdad ya no sé lo que tengo que hacer para conectar con esta ciudad, con las personas, con la gente con la que vivo y, sobre todo, ya no sé cómo conectar con la razón que me trajo aquí.

Creía que el amor todo lo puede y que por amor sería capaz de cruzar el océano y morir diez veces, pero no lo consigo, Darinka. ¿Tal vez será que no amo lo suficiente? Cada mañana despierto con la esperanza de que suceda el milagro de que han dejado nuestro departamento y nos mudamos esa misma tarde. Despierto pensando que me levantaré de la cama para ir a mi cocina a prepararme un té y un huevito revuelto, como lo haría en México, solo para darme cuenta de que no hay más que *biscotti* y café.

Para cuando llega la hora de la comida, entre las doce y media y la una de la tarde, yo apenas estoy digiriendo el desayuno. No me queda más que sentarme a la mesa y comer, aún sin hambre. A las diez de la noche todo es silencio, todos duermen y yo me recuesto sobre mi almohada literalmente a mirar el techo hasta que me dan las doce y, finalmente, me vence el sueño. Levantarme temprano nunca ha sido mi fuerte, así que cuando todos se van de la casa entre las siete y las ocho, yo vuelvo a mi cama y duermo hasta una hora antes de que regresen a casa, tiempo suficiente para recoger mi recámara, lavar los platos y poner en mi cara una sonrisa pretendiendo que soy una feliz recién casada.

Ayer hablé con Lucca y le dije que iría a hablar con las chicas a quienes malamente les rentó el departamento por un año solo porque después de nuestra boda, pasaríamos tres meses viajando por México. Me cuesta tanto trabajo hacerle entender que necesitamos nuestro propio espacio, que necesitamos intimidad, que la vida de casados ya empezó y que necesita cortarse el cordón umbilical. Tal vez la egoísta soy yo por pretender que él debía pagar tres meses de hipoteca aun no estando nosotros, pero él debió haberlo consultado conmigo antes de decidir por mí que yo viviría un año en casa de sus padres solo porque para él era lo mejor.

¿Por qué no mejor cortar el viaje en México o ahorrar para pagar esos tres meses? Tuvo un año para organizar nuestra boda y lo que pasaría después y, justo al final, dos meses antes de casarnos, le metieron en la cabeza que lo correcto era rentar el departamento para no gastar tanto. No puedo de la rabia. Las conversaciones en la mesa cada día son más incómodas, sobre todo cuando hablamos de que, apenas nos entreguen el departamento, lo venderemos para irnos a Formello. A Antonella casi le sale humo por las orejas. El otro día me salió con que, si nosotros nos íbamos a Formello, ¿quién le daría una pastilla cuando se hiciera vieja? ¿Y cómo puedo pensar en el día en el que ella se hará vieja cuando apenas puedo entender qué diablos hago aquí?

Me siento atrapada en una jaula, estoy cansada del frío y quiero desayunar huevito con jamón sin que me cuestionen por qué desayuno a las nueve de la mañana. Quiero quedarme en cama hasta las once después de echarme una mañanera con mi esposo, mirar una película empiernados calientitos dentro de la cama y pedir pizza para comer. Por supuesto, mi relación con Lucca se ha deteriorado y apenas conversamos.

Hace un par de semanas, me dio una gripa espantosa y el día que fui al doctor, Lucca llegó a comer y se bajó al bar a tomar café con los amigos, como se acostumbra aquí. Unas horas después subió con unas revistas, me dio un beso y se fue de nuevo. Volvió a las nueve para cenar y se metió a la cama a dormir. Así pasaron los días, sin un apapacho, un abrazo o un te quiero. Hasta sentirme mal me apena. Me siento obligada a levantarme de la cama cuando en realidad lo único que quiero es hundirme en ella hasta que llegue el día de la mudanza.

El otro día quise comprar una vajilla y un juego de cubiertos; Lucca me pidió que no lo hiciera porque no teníamos dónde guardarlo, que ya llegaría el momento. Mi ropa aún está dentro de las maletas que tengo distribuidas entre el closet de mi recámara, el de mis suegros y la bodega de Giulia en su edificio. Me siento impotente y maniatada, sin ilusiones, deprimida y sin saber cómo salir de esta porque desde que dejé la casa de mi madre, nunca tuve que depender de alguien para tomar las decisiones de mi vida y de esto ya pasaron ocho años. Sé que al leerme te parecerá que exagero. Seguramente así parece desde fuera y muy probablemente lo hago. Ni yo misma entiendo por qué no puedo salir de este estado mental y emocional que me lleva como un remolino cada vez más hacia abajo. Por alguna razón extraña, me siento como prisionera.

Compré un cuaderno para dibujar que tiene un papel grueso en donde comencé un collage. Empecé a recortar imágenes sin orden, hasta que terminé por obsesionarme con las puertas y las ventanas. Al terminar, recorté una mano que sostiene una llave. Me dibujé dentro de una jaula, sentada y pensativa; coloqué las puertas y ventanas alrededor. La mano con la llave la puse en la esquina inferior derecha del dibujo, lejos de la jaula y puse un reloj arriba de mi cabeza. Tiempo, Dari, solo quiero que pase el tiempo.

Quisiera dormirme una noche y despertar un año después en otro lugar, bajo otras circunstancias. Despertar con un ánimo distinto, volver a sonreír espontáneamente, volver a sentirme enamorada de mi esposo, tener a mi gato en mi casa y escuchar su maullido mientras subo las escaleras a mi departamento. Abrir la puerta y mirarlo ahí abajo, listo para restregar su cuerpo contra mi pierna ronroneando sin parar. Cuando Lucca vio mi collage, comentó:

—*Che bello! Quanto sei brava!*—¿Cómo que bello, Dari? ¿Qué tiene de bello una mujer dentro de una jaula? ¿Dónde encuentra la belleza en la exasperación por no poder salir de ese lugar que la tiene limitada? Le habría dado un sape, ¡lo juro!

Cuando Antonella me vio, ni siquiera me preguntó qué estaba haciendo, solo me sonrió y me dijo si quería acompañarla a ver a Italia, su amiga. Me paré y me fui con ella. Cuando llegamos a su casa, me preguntó cómo me sentía, si era feliz en Italia. Que ironía, Italia que me pregunta si soy feliz en Italia. Le respondí que no y la cara de Antonella se convirtió en un sable samurái que me habría cortado el cuello de no ser porque le avergonzaría manchar el tapete que adorna la casa de su amiga.

Me imaginé una escena estilo *Kill Bill*; mi cabeza volaba por la ventana mientras de mi cuello la sangre salía como si fuera una manguera con presión, manchando el fino tapete de Italia. La bota con tacón que patea mi cabeza con dirección hacia el continente americano y atraviesa el charco, cae sobre el plato de Maximiliano, quien me mira azorado y me pregunta ronroneando si volví para quedarme.

De camino a casa, me pidió que no le dijera a la gente que no estaba contenta en Roma, porque eso les haría pensar que Lucca no me hacía feliz. ¡Ay, Dari! ¡Imaginé tu cara leyendo este último párrafo y no puedo de la risa! Ya no quise discutir ni entrar en detalles, pero las dos escenas que te acabo de platicar me hacen sentir como si viviera en un mundo en el que el idioma no es la barrera, sino la comprensión de las palabras. Como si lo que necesitáramos fuera un diccionario para encontrar el significado etimológico de las palabras y partir de la raíz.

Toda esta situación me hace sentir culpable. Me siento ingrata porque sé que todos han hecho su mayor esfuerzo para complacerme dentro de sus posibilidades y al margen de lo que las condiciones les permiten. No obstante, pierden de vista el hecho de que yo no soy parte del clan complotista que me puso dentro de esta situación que eligieron por mí. Olvidan que soy una persona con voluntad propia, no un objeto que trajeron como *souvenir* desde México para colocar en la vitrina o dentro del clóset según sea su conveniencia.

A Lucca se le olvidó que tengo voz y voto, y que la vida ahora la comparte conmigo, por lo que sus decisiones me competen y, sobre todo, me afectan. Se le olvida a Antonella que no adoptó una hija, sino que su hijo formó una nueva familia con su mujer, de la cual son ellos dos responsables, solos, como lo fuera ella alguna vez con su propia familia. A todos se les olvida que no les corresponde elegir mi destino y menos pueden controlar mis palabras y mis sentimientos. Sé que les duele no verme feliz. Sé también que les hieren mis palabras. Solo quisiera sentir un poco de empatía en ese dolor.

Me pregunto si les pasa por la cabeza la idea de que se equivocaron, de que tomaron decisiones por mí y siguen insistiendo en hacerlo, discutiendo una y otra vez en dónde tenemos que vivir. Me cuestiono, cuando escucho las palabras de Antonella, saliendo de casa de Italia, si acaso entiende quién soy yo, de dónde vengo, cuál es mi historia. He vivido sola durante los últimos ocho años y no pueden entender cómo es posible que no sea feliz viviendo con una familia que, a pesar de que sea la familia de mi esposo, es absolutamente desconocida para mí y, además, tiene costumbres y hábitos completamente distintos a los míos.

Siento que uno está obligado a ser feliz porque tiene comida en la mesa y un techo que le protege la cabeza, cuando la felicidad en realidad depende de varias cosas. No es fácil explicarle a la gente que mi felicidad no está atada a una sola persona, quien, por cierto, no ha sido mi persona favorita desde que tomó la decisión de ignorarme por completo y ver solo por sus propios intereses económicos.

Habiendo vivido en casa de los padres de Lucca el último año, desde que decidimos casarnos, ¿es posible que no haya pensado en guardar algo de dinero para pagar la hipoteca mientras estuviera en México? Estoy muy molesta, Dari, y me enoja darme cuenta de que las personas no ven más que la superficie de los problemas. Únicamente, ven a una mexicana recién casada que debiendo ser feliz porque se casó con un guapo italiano, no lo es. Solo ven que la familia de Lucca es la familia perfecta y yo soy una extraña que no puede adaptarse a ella.

El otro día, una amiga de Antonella me preguntó por qué no ofrecía mis servicios como *donna delle pulizie*. ¡*Donna delle pulizie*!, o sea, trabajadora de limpieza. ¿Dejé mi vida en México, mi excéntrico trabajo con viajes semanales a Miami, comida gourmet todos los días, mi departamento que por fin amueblé tres meses antes de que me propusiera matrimonio Lucca en una de las zonas más cotizadas por los jóvenes y mi recientemente adquirido título universitario para venir a limpiar los escusados de los racistas italianos que creen que porque venimos de América Latina, no sabemos hacer otra cosa que fregar los pisos?

Peor se pone el asunto cuando mi suegra asiente con la cabeza aprobando la sugerencia de la tal amiga que ni idea tiene de quién soy, de dónde vengo y de lo que soy capaz. ¡Esto es una locura! Nunca creí que empezar la vida en un nuevo país pudiera significar iniciar desde maternal y volver a nacer como si nunca hubieras existido, y toda tu experiencia de vida se hubiera perdido en el trayecto entre México e Italia. No cabe duda de que al venir hacia este lado del mundo no solo se pierden horas, se pierde también la dignidad, la experiencia y hasta el nombre porque mi apellido materno lo anulan para todo.

La ironía es que en México conocí a más de un italiano que contaba la anécdota de la universidad más rápida del mundo: Iberia. La línea aérea que utilizan los cientos de italianos ignorantes que huyen de Italia sin carrera ni estudio alguno y bajando del avión se convierten en el arquitecto o el ingeniero exitoso que todos los mexicanos aceptan y veneran. Cuánta falsedad, Darinka, cuánta porquería en esta sociedad tan podrida y vacía.

Sabía que no sería fácil, pero no esperaba que los primeros cuatro meses aquí fueran dramáticos para mí. La estoy pasando mal y no sé cómo salir de esta, si no es haciendo la maleta y regresando a casa… ¿Casa? ¿Cuál casa?

Mientras me leo en el pasado, me escucho en el presente. Parece surreal, como si estuviera viviendo en dos mundos paralelos en los que la situación y el estado de ánimo son los mismos, pero cambian los nombres de los personajes y el escenario. Apenas empezaba a darte el preámbulo de las cosas cuando te fuiste, no tuve tiempo de hablarte de mi situación actual. Bueno, en realidad te hablé de algunas cosas muy superficiales en el afán de ir escarbando hacia adentro, porque la realidad es que ni yo misma sé bien lo que me pasa ni la razón para buscarte.

Empezábamos apenas a buscarle la punta a la bola de estambre y tú ya habías apuntado un par de veces en la dirección correcta mientras yo me hacía la desentendida. Me costaba trabajo admitir que no era feliz, tenía todo lo que aparentemente necesitaba para serlo, pero no lo era y tú lo supiste antes que yo. Hace cinco años de que me casé de nuevo después de ocho años de una soltería muy plena, y ahora me parece increíble recordar todo a través de los escritos que tengo en mis manos.

Mi soltería en Italia fue un tiempo mucho mejor que la de mis veintes, llena de altibajos, crisis económicas y emocionales, siempre reuniendo los trozos de mi corazón roto una y otra vez, pensando que no habría un mañana, que mi destino estaba condenado a la soledad y el dolor por no encontrar el amor. Un amor que buscaba reemplazar el de un padre ausente y afirmar el de mi madre cuya presencia no siempre era afectuosa.

Cómo me hubiera gustado revivir esos años contigo en el consultorio y repasar las lecciones. Sé bien que me habrías dado más de un jalón de orejas porque tengo cabeza dura para muchos temas, pero en tantas otras cosas te habrías sentido muy orgullosa y satisfecha por tu trabajo, por mi trabajo contigo y por todo lo que vino después de ti en esa incesante búsqueda mía por ir al fondo de aquello que soy.

Hace unos meses que dejé mi casa en Querétaro para venir a vivir con Ángel a la Ciudad de México, de nuevo. La decisión la tomé porque empezó a parecerme absurdo que viviéramos separados después de tantos años de buscarnos uno al otro. He sido feliz la mayor parte del tiempo a lo largo de estos cinco años, porque prácticamente hacía lo que me venía en gana de lunes a viernes mientras Ángel trabajaba en la Ciudad y yo me quedaba sola en Querétaro. Pero cuando llegué aquí, sentí que algo no estaba bien, que no estaba haciendo lo que quería y que había cometido un error.

Desde el día en que pisé la Ciudad de México cuando volví de Italia, me juré a mí misma que no viviría aquí más del tiempo necesario para encontrar un nuevo destino. Me prometí crearme las condiciones necesarias para salir de aquí a un lugar más tranquilo en donde se respirara aire más fresco. Y así lo hice, cinco años después de llegar, empecé con los trámites para comprar mi casa en Querétaro, cuando de pronto llegó Ángel de vuelta. La tercera vuelta. No sabía bien cuales eran sus intenciones, pero las mías definitivamente no eran volver a "ver qué onda" como él me lo dijo una noche mientras cenábamos.

—¿Entonces? Para qué volviste —Le cuestioné.

—Pues nada, quería ver qué onda —confesó con actitud relajada y despreocupada.

—¿Qué onda? ¿A estas alturas vienes otra vez a ver "qué onda"? No pues si no sabes qué onda después del segundo intento, no lo sabrás tampoco en el tercero —reproché.

—Bueno, ¿tú qué quisieras? —preguntó titubeante.

—Que no me hagas perder el tiempo —Le respondí segura de mí misma.

—¿Entonces qué quieres? ¿Qué nos casemos?

—Si eso es lo que quieres, sí. Lo único que yo no quiero es perder el tiempo de nuevo —Le dije mirándolo a los ojos.

—Está bien, ponle fecha —expresó, seguro de que yo no lo haría.

Saqué de la bolsa el teléfono para mirar el calendario y busqué un día 11. Estábamos cerrando el 2010 y me pareció simpático casarme el 11 del X del 11.

—El único sábado 11 es en junio —Le advertí mostrándole el calendario.

—O sea, ¿en seis meses? —interrogó sorprendido.

—Sí, en seis meses —confirmé.

—Bueno, está bien. En seis meses entonces. —afirmó llamando al mesero para pedir otro trago.

Así fue como decidimos casarnos. Le pedí que lo firmara y que el mesero fuera testigo de que se comprometía a cumplir su promesa. El mesero firmó: "Soy testigo de que se van a casar" y brindamos por nuestra vida futura pidiendo la cuenta y saliendo listos para enfrentar un nuevo compromiso. Tuvimos una boda muy bella, estábamos muy contentos los dos y ese espíritu permeó hacia el resto de los presentes. A diferencia de mi boda con Lucca, en la que él pasó la fiesta sentado en la mesa con sus amigos y yo bailé sin parar con los amigos que dejaría atrás, muchos de ellos, para siempre.

Mi boda con Ángel empezó bien desde la presencia de mi mamá mientras me vestía, a diferencia de once años atrás cuando nadie puso atención a mi arreglo y terminé abotonándome el vestido yo sola retorciéndome frente al espejo. Esta vez, Liz y mi mamá vinieron para ayudar a vestirme, y Andrea, mi queridísimo amigo italiano quien se hospedó en mi casa para venir a la boda, salió detrás de mí cargando el pastel mientras mi mamá me esponjaba el velo y Liz cargaba mi ramo para que yo pudiera alzar mi vestido y no pisarlo al subir al coche.

Mi hermano se fue conmigo y en el camino le comenté que estaba contenta porque esta vez habían venido todos a mi casa para acompañarme. Él me sugirió que no hiciera comparaciones, pero yo no las hacía basada en un sistema de mejor y peor, sino pensando en que eso fuera de buen augurio. La boda fue hermosa desde mi experiencia, pero muy poco duró mi emoción. Tan solo unos días después, Ángel hizo un berrinche espantoso en el *lobby* del hotel donde pasamos nuestra luna de miel, gritándome porque veníamos tarde a un tour que habíamos contratado.

Claro que no podía responderle porque estábamos justo al centro y la gente nos miraba. Yo quería que me tragara la tierra, que todos desaparecieran para poder írmele a la yugular, tirarlo al piso, ponerle la rodilla sobre el pecho, mi mano sobre su garganta y apuntarle con el dedo a la cara diciéndole: "En tu vida se te vuelva a ocurrir hablarme así". Pero no lo hice. En lugar de eso, me quedé callada, seguí caminando hacia la camioneta y sonreí a las personas que nos acompañaban, tomé mi lugar y esperé diez minutos más a que llegaran los últimos del grupo. Así empecé a descubrir a *Mr. Hide*, una parte de la personalidad de mi Angelito que me era familiar y reprobable, pero que no detecté hasta haber firmado el papel después del "Sí, acepto".

Roma, 30 de abril del 2001

En contra de la voluntad del Comité de Decisiones de la Vida de Jessica, fui a hablar con las chicas que tienen nuestro departamento. Son unas estudiantes de la Universidad La Sapienza que llegaron al departamento recomendadas por una amiga de la familia, pues la universidad está a unos minutos del edificio. Yo las conozco porque a veces las he encontrado con las amigas de Giulia que son también de Puglia. Así que me tomé la libertad de ir a buscarlas al departamento hace dos días sin el consentimiento del Comité.

Por fin conocí el departamento donde se supone que debería vivir en este momento y, donde espero, algún día estableceré mi domicilio en Roma. El lugar me resultó muy poco acogedor porque lo amueblaron con unos muebles baratos que yo nunca habría elegido y, hoy por hoy, parece más una residencia escolar que una casa habitación. El edificio es bonito, me gusta más que en el que vivo ahora. Pero me parece más antiguo y, por lo tanto, con más personalidad que el de mis suegros. También es más pequeño y los departamentos son chicos. Según me han dicho, contamos con 70 m^2. La verdad es que no soy buena para dimensionar en esos términos, pero lo vi muy chiquito. La distribución me resulta tan extraña como la de los demás departamentos de Roma que conozco.

A diferencia de la distribución americana que cuenta con un área social, generalmente separada del área íntima de las recámaras, aquí los departamentos están separados en estancias. Cuartos distribuidos en el departamento donde cada uno decide si son sala, comedor o recámaras de acuerdo con las necesidades. La distribución no me es familiar, al entrar hay un clóset como de blancos detrás de la puerta que abre hacia la derecha. Abriendo la puerta, del lado izquierdo, hay un largo pasillo que lleva al cuerpo del departamento.

QUERIDA DARINKA

Al fondo del pasillo hay una puerta de cristal de dos hojas; qué cosa más extraña, me pareció un lugar insólito para colocar una puerta. Pasando dicha puerta, del lado derecho, hay una recámara y del lado izquierdo está el baño que no conocí, pero parece pequeño. Al frente está la cocina diminuta, y a sus costados las otras dos recámaras. Las chicas tienen una mesa en el pasillo distribuidor que parece un salero al centro de una mesa rectangular, en torno al cual gira todo lo demás.

Honestamente, me importó poco visitarlo o entenderlo. Mi única consigna era la de hacerles saber nuestra situación y pedirles encarecidamente que desalojaran mi casa. La conversación fue amena y divertida, sin embargo, infructuosa. Su respuesta fue un "no" rotundo pues están a mitad del ciclo escolar y no pueden distraer su atención para buscar otro departamento que, además, sería muy difícil de encontrar dado que la mayor parte de quienes rentan en esa zona son estudiantes en su misma situación. El ciclo escolar termina en julio y ellas tienen planeado dejar el departamento en septiembre, después de volver de las vacaciones de verano.

¡En septiembre, Darinka! ¡En sep-tiem-bre!

Para eso faltan cinco largos, tediosos, agobiantes y desafiantes meses. Lo pronuncio y me siento mal. Es como ver un túnel oscuro y tener que atravesarlo sin saber siquiera lo que hay al final. Bien podrías encontrar de frente un tren a toda velocidad que arrollará tu frágil cuerpo para devolverlo inerte al lugar de donde vino, o ratas hediondas y ruidosas que se arrastran por el piso, pasando por tus pies sin que puedas distinguir siquiera de dónde vienen. En el camino de ese largo túnel, podrías encontrar peste y enfermedad, mendigos que se orinan sin control y que llevan encima los restos de las ropas que sacaron de la basura. El túnel es tan oscuro que apenas puedes ver las manos que te tocan y jalan de las ropas en señal de auxilio.

Darinka, no sé cómo atravesaré ese túnel que solo puedo imaginar horrendo y apestoso; no sé si podré sobrevivir sin sacar las garras y defenderme a capa y espada de las manos que me jalan hacia abajo. El Comité me asfixia, me controla, me anula. Trato de ver el lado bueno de las cosas y no me sale. No veo luz, me siento atrapada y profundamente infeliz. Cuando le dije a Lucca que había ido al departamento, me empezó a gritar que cómo se me había ocurrido. Antonella escuchó que discutíamos y cuando salí del cuarto para ir al baño, oí que abrió la puerta de la recámara y charló con Lucca.

Al salir, estaba en la cocina y me llamó para decirme que debía entender que era muy vergonzoso para ellos que yo me hubiera atrevido a ir a ver a las chicas y que me debía retractar con ellas de mi solicitud. Me pidió que, por favor, fuera paciente y esperara a que terminara el contrato. Últimamente, mi enojo es tan grande que no me quedan muchas lágrimas, pero esa noche lloré por más de dos horas sin parar con Lucca rogándome que dejara de hacerlo porque me iban a escuchar los vecinos.

Ya me río, Darinka; me parece tan absurdo ver las cosas que les preocupan y la manera en que mi presencia reta su rol en la sociedad. Todos mis actos les incomodan y no encuentro la manera de hacerles entender que no me compraron, no me adoptaron, no tienen un título de propiedad ni soy un ente sin voz ni voto. Entiendo su molestia, pero ellos no entienden la mía y eso me desgasta. Al día siguiente, hablé con Lucca y le pedí que buscáramos un departamento para rentar.

—*Ma che sei matta?* —Me respondió en voz alta. Le pareció una locura que yo quisiera irme a vivir con mi esposo a un departamento, pero no le parece una locura la situación en la que vivimos. Sin duda, nuestra perspectiva es muy distinta y cada vez es más difícil coincidir en todo lo demás.

Me viene a la mente la noche antes de mi boda civil. Antonella y Alessio se habían recostado ya en el sofá de mi sala, mientras Lucca y yo discutíamos justo sobre el hecho de que había rentado el departamento antes de venir a México. Unas horas antes, Antonella me decía que no valía la pena que me llevara nada de mi casa porque allá podría comprarlo todo. Con paciencia, volvería a tener todo lo que tenía, así que no debía preocuparme por hacer maletas grandes, lo mejor era dejar aquí mis cosas.

Aquella noche supe lo que venía, vi a una Antonella tomando decisiones que no le competían y a un Lucca incapaz de objetar las decisiones de su madre. Ese día yo estaba furiosa porque, por un lado, me parecía imprudente su intervención en asuntos nuestros y, por otro, me parecía carente de empatía su solicitud de dejar todo lo que tengo y tanto trabajo me había costado tener. No creía que fuera un asunto en el que ella tuviera derecho a intervenir. Y ya no hablemos de lo que opinó sobre llevarme a Maximiliano

—*Una bestia a casa mia? No, mai!* —¿Bestia? ¿Cómo puede llamar bestia a un gato hogareño y cariñoso como lo es mi Max? Por qué no se toca el corazón y se da cuenta de que la vida es mía y no la de ella, de que no tiene derecho a opinar y no puede decidir por mí. ¿Por qué no entiende que estoy dejando atrás la vida como la conozco y que llevarme a mi gato es lo que debería de ser porque él ya estaba en mi vida hace seis años cuando Lucca llegó a ella? Lucca callaba, no dijo una sola palabra hasta que nos fuimos a acostar y lo confronté.

—¿Por qué no dices nada? —Le pregunté molesta.

—*Je, lei é mia mamma. Tu lo devi capire, non devi litigare con lei* —Me respondió con esa mirada dulce que lo caracterizaba y el tono tenue que utilizaba cuando no quería pelear.

—¿Yo dónde quedo en todo esto, Lu? ¿Dónde quedan mis necesidades y mi voluntad? —repliqué con los ojos empañados por las lágrimas que derramaría por horas esa noche encerrada en el baño de mi departamento.

—*Abbi pazienza, ti prego* —Se cubrió con la cobija y se giró dándome la espalda.

Esa noche supe que nada sería fácil a su lado y mucho menos dentro del territorio de Antonella; esa noche supe que estar a su lado me obligaría a doblegar el ego y a retar la paciencia que nunca ha sido mi fuerte. Todo esto ya no pude compartirlo contigo, Darinka, y no sabes la falta que me hicieron tus palabras para afrontar lo que inició esa noche. No quisiera que te hicieras la idea de que Antonella es una mala persona. Todo lo contrario. Me sorprende la manera en la que vive para ayudar y servir a todos a su alrededor.

Despierta temprano para salir a visitar a los ancianos a los que atiende el médico con el que trabaja, a aquellos que necesitan una inyección por la mañana o que no pueden valerse por sí mismos para preparar sus alimentos. Les pone la inyección o les prepara el desayuno para que puedan tomar su medicamento. Después de trabajar, todas las tardes pasa a casa de Giulia y le lleva algo de comer, ya sea algo que ella misma preparó o algo que compró en el camino para que tenga la cena lista a la llegada de su esposo. Luego, pasa a la farmacia que está a una cuadra y compra con su descuento los medicamentos de los ancianos que no tienen recursos y que se benefician de los privilegios que ella tiene por trabajar en el consultorio del doctor del barrio.

La gente la aprecia mucho en el *quartiere*, la saluda todo el mundo, le dan crédito, le fían, le hacen descuentos, la ayudan a cargar las bolsas. Es arroz de todos los moles. Cuando llega a casa, todavía tiene la energía para hacer la cena, poner la ropa a lavar y, a veces, hasta se pone a limpiar la casa después de la cena a las ocho de la noche. Antonella es muy cariñosa a su manera, siempre tiene un detalle para todos; es muy generosa y, además, muy simpática. Cuando no estoy enojada con ella, me siento en la cocina y platicamos por horas comiendo los dulces que trae de la pastelería. ¡He subido alrededor de diez kilos, Dari! ¡Ja, ja, ja! Pero la comida es una delicia y Antonella cocina como los dioses.

En Navidad, le traían montones de regalos y recibió muchísimas tarjetas de felicitación. El mini árbol de Navidad que pusieron en el *salone*, estaba rodeado de botellas de vino, *pandoros* y *panettones* que antes de la noche buena repartió entre sus viejitos. La quiero y la admiro, pero no tolero que se meta en mi vida y que no se dé cuenta de lo invasiva que resulta, aun cuando sus intenciones puedan ser lo más buenas que se te ocurran.

Me voy a dormir. Es tarde y ya todos duermen mientras yo te escribo en la mesa de la cocina con la puerta cerrada para no despertarlos. Son casi las once, para mi horario habitual de búho nocturno, la noche apenas empieza, pero debo acostarme porque mañana todos se levantan temprano y tengo que fingir que a mí me da gusto hacerlo también.

Buenas noches.

Leer estas cartas me provoca mucho entusiasmo, pero a la vez no deja de sorprenderme la semejanza de emociones aun cuando la situación es tan distinta. Es como si hubiera vivido una vida paralela a mi propia vida, repitiendo patrones y repasando las lecciones. Algunos patrones parecen no ser los míos, sino los de un destino inevitable que debo afrontar de manera distinta. Como si viera la misma obra de teatro con protagonistas distintos, diferente set, pero la misma historia.

Mi primer año de casada con Ángel fue muy similar a todo lo que platico en la carta que leí ayer y lo que estoy viviendo justo ahora que tomé la decisión de venirme a la Ciudad de México para "salvar" mi matrimonio; me provoca las mismas emociones que viví hace dieciséis años con Lucca. Me siento igualmente limitada y restringida, como si tuviera que defenderme de ser invadida al grado de olvidarme de quien soy. Mi hermano me sugirió no comparar, ¡pero cómo puedo no hacerlo! ¡Ja, ja!

Cuando conocí a Ángel, su familia no figuraba para nada. Tenía primos que él frecuentaba mucho, pero yo solo conocí a su mamá una vez en su casa, ni a su papá ni a ninguno de sus hermanos hasta que estábamos por casarnos. Cuando los conocí a todos, me parecieron encantadores y, a pesar de ser una familia peculiar en cuanto a su historia también caracterizada por el abandono, como la mía, me daban la idea de una familia que había resuelto su disfuncionalidad. No tardé mucho en descubrir lo equivocada que estaba. Ya desde antes de la boda, mi suegra empezaba a tomar decisiones que no le correspondían.

—¿Y qué vas a hacer con tus muebles? ¿Te los vas a llevar a Querétaro? —Me preguntó en una llamada telefónica.

—La gran mayoría sí, pero algunos, como mi recámara, los voy a dejar aquí en el departamento de Ángel —respondí ignorando la respuesta que vendría, que me dejaría caer la mandíbula.

—Que bien que la dejes y me arregles mi recámara —enunció entusiasta.

—¿Su recámara? ¿Cuál recámara?

Cuando decidimos seguir adelante con la compra de la casa en Querétaro y establecernos allá, sabíamos de antemano que él tendría que ir y venir todas las semanas, pues su negocio estaba establecido en la Ciudad de México. Por otro lado, estábamos haciendo estudios y tratamientos para poder embarazarnos, lo que nos ligaba a la ciudad forzosamente. El departamento donde él vivía antes de casarse había sido su casa por veinte años, un departamento "prestado" en un edificio familiar. Y digo prestado, porque un tío le heredó un departamento dentro de ese edificio, pero por las condiciones en las que el edificio estaba distribuido entre sus tíos, no estaba claro cuál de todos era el heredado. Pero la realidad es que a él le pertenecía porque después de veinte años en él, de haberlo remodelado y mantenido por todos esos años, era suyo. Y bueno, al final ahí vivía y pasaría los días de la semana que no estaría en Querétaro.

Cuando fuimos novios por primera vez, yo misma fregué los pisos a rodilla para sacar el brillo que les quedaba a más de cincuenta años de su construcción, y por dos años en los que fuimos novios intermitentemente, solo una vez vi a su mamá visitarlo y nunca vi que nadie hiciera algo semejante. Así que parecía claro que el departamento era de Ángel y que, por lo tanto, era parte de mi territorio también, en el que podía disponer qué muebles se quedaban y cuáles se iban. Por tal motivo, cuando mi suegra me hizo el comentario de que yo al dejar mi recámara en el departamento de mi esposo, estaría arreglando su recámara, el ojo se me puso cuadrado y ya no supe ni qué responder.

Cuando lo hablé con Ángel, me pidió que hiciera caso omiso al comentario, pero ya mis antenas estaban vigilantes y atentas porque las señales de una invasión eran más que claras. Con el tiempo había olvidado la noche aquella en la que Lucca me pidió hacer caso omiso a las palabras de su madre, y hoy al recordarlo entiendo de dónde vino tanta intolerancia con la madre de Ángel. Ahora entiendo que en ese vórtice en el que se desenvuelve la vida, la lección se repite cuando debemos demostrar que hemos asimilado los conocimientos, y aplicarlos es imperante.

Roma, Italia, mayo 18 del 2001

Querida Darinka:

Han pasado algunos meses desde mi última carta. En realidad, sí te escribí, pero mis palabras eran tan poco alentadoras y había tanta tristeza en ellas, que decidí no enviarlas. Hace unas semanas que comenzó a cambiar el clima, el aire empieza a soplar cálido y se siente mucha humedad por las tardes. Es la primera vez que estoy en Roma en un tiempo que no sea invierno y, por lo que me dicen, el calor apenas empieza.

Estos últimos meses los he pasado entre paseos por Villa Borghese y *Gelati* en el centro, estos últimos se han vuelto mi válvula de escape. Ojalá tuviera una válvula por donde se escaparan los kilos que estoy acumulando gracias a ellos, pero por ahora eso no es lo más importante, sino el hecho de que encuentro tanta alegría en salir a buscarlos. Cuando siento que voy a explotar, bajo a la calle, camino unas cuadras hasta el metro que tengo cerca en Piazza Bologna y me subo en dirección Laurentina. Esa es la dirección que une a mi *quartiere* con el centro de Roma.

Cambio de dirección en Termini, y de ahí tomo la línea A hacia Battistini y bajo en Spagna; luego, camino unas cuadras hasta Giolitti, una famosa heladería en el centro de Roma que no sé si es la mejor, pero además de encantarme el helado, me encanta el paseo atravesando Piazza di Spagna, siempre viva y llena de gente. Via dei Condotti carga con elegantes vitrinas y las largas filas de japoneses cargados de bolsas de las más caras y prestigiadas marcas de la moda italiana y francesa.

Luego de atravesar la calle desprendida del piso, soñando el día en que pueda entrar y comprar en una de esas tiendas, aterrizo en Via del Corso y giro a la izquierda. Al final de la calle está Piazza Venezia, donde se encuentra "la máquina de escribir", como llaman muchos italianos al monumento a Vittorio Emmanuele II, quien fuera el primer rey cuando

Italia se unificó. Siguiendo por via del Corso, reconozco la columna romana que me indica que debo girar a la derecha frente al Palazzo Chigi, donde muy frecuentemente hay tumultos de periodistas esperando ver salir al primer ministro Silvio Berlusconi, o el Berlusca, como le llaman aquí, que ahí vive.

Inmediatamente, paso por Montecitorio, otra plaza muy frecuentada por la prensa, ya que alberga la Cámara de Diputados. Giolitti está a unos metros de ahí, al llegar me pido un *cono medio nocciola e stracciatela con panna* que ya me estoy saboreando desde que dejé la casa. Luego, me voy a caminar por esa zona del centro que me gusta mucho porque los callejones y calles estrechas me hacen pensar que vivo en un pequeño pueblito con poca gente y no en la caótica ciudad más ruidosa del mundo. O al menos para mí así lo parece.

Por ahí por donde está Giolitti, también está el Pantheon, tal vez el edificio que más me gusta de lo que conozco de Roma; bueno y Castel Sant'Ángelo, pero ese es por otro rumbo. Me parece increíble que en la época en la que fue construido hayan sido capaces de crear esa bóveda agujerada que es fascinante por cuan detallada es. Mi gusto por esa plaza nace porque no hay tanto ruido de coches gracias a la poca circulación de vehículos permitida, puesto que solo pueden pasar carros autorizados y motos.

¡Las motos, Dari, son infinitas! De verdad es sorprendente el número de *motorinis* que hay. He tenido que aprender a atravesar las calles mirando entre los carriles, pues las motocicletas circulan por espacios estrechos entre los coches. A veces, cuando crees haber librado al coche y das un paso más, frente a tus narices pasa un alebrestado motociclista que te grita enojado *"¡Mortacci tua!"* haciendo ese gesto que hace Lu cuando se burla de mis inventos italoespañoles, levantando la mano y sacudiéndola sobre su cabeza.

En Piazza della Rotonda, donde pasan pocos coches y pocas motocicletas, me gusta sentarme a terminar mi helado que se va consumiendo mientras camino. Me siento a mirar a la gente pasar y lo disfruto mucho. Me imagino historias y me divierto hasta consumir el final de mi cono. Otras veces camino hasta Piazza Navona o incluso, si logré salir temprano de casa, me voy a Trastevere a disfrutar del folclor romano en su máximo esplendor.

Me sorprende la antigüedad de sus edificios y sus calles medievales, las calles empedradas que brillan por lo desgastado de la piedra, las macetas fuera de los edificios que dan un toque de color a las desgastadas fachadas de las construcciones habitadas por bohemios y artistas amantes de la historia que guardan estas calles. Hay quienes dicen que los verdaderos romanos viven ahí , pues son las calles donde vivía la gente humilde de la antigua ciudad de Roma, pero hoy encuentras tanto romanos como muchos extranjeros que buscan vivir la ciudad desde el otro lado del Tíber.

Dicen que las noches son muy animadas, sobre todo las noches "estivas"; espero que pronto pueda venir a comer una pizza que también dicen son muy famosas. A Lucca no le gusta salir, dice que pasa demasiado tiempo en las calles como para tener ganas de volver a ellas después de trabajar. Raramente, salimos de casa a lugares que no sean la casa de Giulia o de algún pariente o amigo que nos invita a cenar o a comer los domingos. Aquí donde vivimos hay pocos restaurantes, pizzerías o *trattorias*.

Un día fuimos al cine, son como nuestros cines hace veinte años. Asientos pequeños, estrechos, salas pequeñas. El baño está dentro de la sala, lo cual me llamó mucho la atención; está justo debajo de la pantalla a la derecha y todos te ven entrar y salir; ja, ja. Pero es muy cómodo porque al menos escuchas lo que está pasando. En algunos sentidos, me siento como si regresara en el tiempo cien años o más.

Los elevadores en los edificios, por ejemplo, son diminutos. En el de mi futura casa solo caben cuatro personas muy estrechas. En donde vivo ahora, caben seis y me da mucha risa porque tienen doble puerta, una que es como una reja y otra que es una puerta. Si la puerta no se cierra bien, no sube ni baja. Entonces, a veces, la gente lo usa y deja mal cerrada la puerta y cuando alguien más lo quiere usar no funciona. Solo escuchas a alguien gritar por el cubo de la escalera, donde está el elevador: *"Chiudete la porta!"*, y en un tono más bajito se escucha: *"Mortacci sua!"*; ja, ja.

En ocasiones, encuentro a los italianos muy simpáticos; los romanos en particular son muy gritones y parece que siempre estuvieran enojados y blasfemando. Dicen muchas groserías y discuten por todo. No hablemos de las señas, no puedes hablar italiano sin mover las manos; muchas palabras casi no puedes decirlas sin mover las manos, es como si no sonaran. Me cae muy mal, por ejemplo, que hablan muy golpeado, como groseros. Cuando pagas en el bar, te avientan el cambio sobre un platito, nunca te dan el dinero en la mano y rara vez lo toman de tu mano. Esto me causaba intriga, así que un día le pregunté a Giulia la razón y me explicó que era para no ensuciarse la mano. No entendí; si al cabo terminan tomando el dinero, ¿cuál es la diferencia?

Ir al supermercado es muy tardado para mí, poco a poco encuentro las cosas que me gustan, pero compro poco porque a Antonella parece molestarle que llene el refrigerador. Siempre me pregunta para qué quiero lo que compro y no siempre sé lo que debo responder, así que me abstengo de comprar o de tener cualquier iniciativa en la cocina porque no siempre tengo ganas de dar explicaciones. Cuando lavo la ropa y la cuelgo en el tendedero que corre entre la ventana de la cocina y la de mi recámara, siempre temo que algo se me caiga a la calle. En realidad, con un poco de suerte, consigo que se quede colgada en el tendedero del departamento de abajo, o el de debajo de este, o del que sigue; ja, ja.

Invariablemente, cada vez que tengo la iniciativa de lavar, cuando regreso encuentro todo distribuido de manera distinta a como yo lo dejé. Antonella tiene una fijación por hacer las cosas como ella quiere y esto me pone los pelos de punta. No porque tender la ropa de una manera u otra sea importante, es solo que su imperante necesidad de intervenir en todo, me hace sentir demasiado observada y eso me incomoda.

Pero bueno, esta vez quería contarte que me alegra que los días sean más largos y la temperatura esté subiendo. Poco a poco he buscado maneras de distraerme y entretenerme; el tiempo me pasa un poco más rápido. Busco maneras de mitigar el aburrimiento y sigo tratando de entender la manera de vivir en este país. Mi relación con mi familia política no es la mejor y con Lucca a veces discuto por su incapacidad para defender su propio punto de vista cuando es contrario a las expectativas del Consejo. Pero trato de llevar la fiesta en paz y de pasar por encima de todas las incomodidades.

Espero que vengan tiempos mejores y que una vez que estemos en casa, con mis cosas, mi ropa, mi propio orden y espacio, las cosas empiecen a retomar el equilibrio.

Te extraño y te pienso.

QUERIDA DARINKA

Justo ayer empecé a buscar casa, qué curioso la sincronicidad de los tiempos. Todo lo que leo, a pesar de recordarlo bien, me sorprende por lo similar que es a lo que vivo ahora. Saqué la última carta de la caja para leerla mientras desayunaba y terminé leyéndola en el coche mientras esperaba a un corredor de bienes raíces que me llamó para confirmar la cita y enseñarme una casa en renta unos minutos más tarde. Por ello, tuve que apurar mi desayuno y llevarme la carta. Terminé esperándolo más de quince minutos y aproveché para leer.

Parece que la vida no quisiera que yo me estableciera en un lugar. Hace dieciséis años que busco una casa. Dieciséis años cambiando de hogar continuamente y, cuando creí haber encontrado mi lugar, resulta que no es el lugar para mi esposo. Ángel está muy renuente sobre rentar otra casa distinta a la que estamos rentando actualmente, que es la mitad del espacio que teníamos en Querétaro. Me pide que le dé dos años para comprar otra casa, que aguante un poco aquí donde estamos. Pero yo no pierdo la esperanza de encontrar una casa que se adecúe a nuestro presupuesto y al espacio que necesitamos para sacar de las cajas todo lo que tenemos.

La casa que tenemos rentada actualmente es pequeñita, pero tiene un enorme jardín ideal para los perros que ya eran muchos hace unas semanas y, por si no fuera suficiente, tuve a bien encontrar una pequeña perrita abandonada cuando fui a entregar la casa de Querétaro al inquilino que la rentó por un año. Es una cachorrita hermosa que espero encuentre un hogar cuando salga de la desnutrición en la que la encontré. Por lo mientras, tengo cuatro perros que gozan del enorme jardín en la casa más diminuta en la que haya vivido con un marido y mis perros.

Leer mis cartas me llena de nostalgia y de curiosidad. Los años han pasado y con ellos se olvidan muchos detalles. Pero no cabe duda de que recordar es volver a vivir y la última carta la gocé mucho recordando mis largos paseos sin rumbo por el centro de Roma. Es un poco lo que hago ahora. Todas mis cosas están en cajas, todo el material con el que hace solo unos meses me entretenía haciendo tarjetas, cajas de cartón, pasteles y galletas, está dentro de cajas a las que ya les perdí la pista, pues al mudarnos, como no cabía todo en la casa, tuvimos que colocar la mayor parte de las cajas en otro mini departamento que está del otro lado del jardín y que rentamos temporalmente en lo que saco lo que necesito y después buscamos dónde almacenarlo por tiempo indefinido. Qué ironía. La historia parece no tener fin.

Roma, Italia, 3 de junio del 2001

Querida Darinka:

¡Hoy fui la más feliz del mundo!

Ayer en la tarde encontré a una de las chicas de Puglia con las que a veces platico y me comentó que había escuchado que las chicas a las que les rentamos tienen planeado dejar antes el departamento. ¡No puedo de la felicidad! Esta semana planeo ir a darme una vuelta para ver si es verdad, aunque supongo que, si lo es, me llamarán a mí o a Lucca para informarnos.

¡Pon changuitos de que así sea, Dari!

Bueno, rézale a los Santos o las vírgenes que tú les rezas para que me hagan el milagrito por favor.

QUERIDA DARINKA

TODAVÍA RECUERDO EL DÍA EN QUE TE ENVIÉ ESA POSTAL QUE LEÍ HOY POR LA MAÑANA. No podía esperar a enviarla y casi quería mandarte un telegrama, por eso la envié *raccomandata*, que implicaba un gasto extra. Uf... sí, ¿cómo olvidar ese día? Tal vez una de las mejores noticias que he recibido en la vida, me dio más gusto que cuando Lucca me dio el anillo de compromiso después de cuatro años de noviazgo a distancia, yendo y viniendo de Roma a México y viceversa.

La casa que vi ayer estaba horrenda. Costaba poco, pero estaba en pésimas condiciones. La que tenemos ahora necesita un poco de arreglos, pero seguramente quedará bien. Es muy pequeña, pero tiene su encanto. Trato de adaptarme, pero parece un *déjà vu*.

Roma, Italia, 2 de julio del 2001

Querida Darinka:

En dos semanas es mi cumpleaños y… ¿qué crees? ¡Lo pasaré en mi casa nueva, sola con mi esposo! Es un sueño, Dari, de verdad no sabes lo agradecida que me siento con la vida, con Dios y con tu virgencita a la que le rezaste porque me concedieron el milagrito de cumplir treinta y un años en mi departamento.

Ya te puedes imaginar la cara de Antonella cuando le dije que ya había hablado con las chicas y me habían confirmado que se iban el último día de junio. Su gesto fue de sorpresa y enojo a la vez. Más tarde, Lucca me comentó que estaba enojada porque le había parecido muy mal de mi parte que yo hubiera pedido que ellos, como familia, incumplieran su trato con las familias de las chicas Puglieses.

Sí, sí, entiendo. Pero honestamente me da igual. Ellos hicieron mal en no considerarme para tomar esta decisión y todo tiene una consecuencia, ¿qué no? Ya tendrán tiempo de olvidarlo y perdonarme, pero para mí lo único que importa es que, desde ayer, estoy en mi casa nueva.

Hubieras visto el drama cuando les dije que nos íbamos el día primero. La primera respuesta fue que debía ofrecerles a las chicas puglieses que podían mudarse el fin de semana, porque el día último es jueves. Cuando le respondí que no haría tal cosa, se le salieron los ojos. Antonella nunca alza la voz, es muy tranquila y mantiene siempre un tono de voz bajo; solo una vez la he escuchado alzar la voz, cuando les pedí a las chicas que se fueran antes y que yo les ayudaría a buscar un departamento y a mudarse, inclusive.

No fue sino hasta dos días después, cuando no estaban ni Lu ni Alessio, que me dijo que le parecía increíble que me hubiera permitido hacer semejante cosa. Entonces yo con un tono bastante molesto y con voz alta, le dije que increíble era que hubieran tomado la decisión de que Lucca y yo empezaríamos nuestro matrimonio bajo el techo de sus padres sin mi consentimiento.

Ese día discutimos fuerte y terminó llorando. Cuando llegó Lucca, ella lloraba y yo era la bruja maldita. Lucca me pidió que no volviera a tocar el tema con ella y yo no daba crédito de que lo único que hiciera fuera defenderla. Entiendo que es su madre, pero no puedo entender que permita que se meta hasta la cocina de nuestro matrimonio sin ponerle un alto. No sé si un día podré comprenderlo. No sé si mi hartazgo e impotencia ante toda esta situación me está provocando algún punto ciego. Pero si sé que al final del día en la cama solo estamos Lucca y yo, y eso me hace creer que nadie debiera opinar sobre la manera en que vivimos la vida.

Pero todo eso ya quedó atrás. Mandé por un tubo al Comité y me puse a hacer mis maletas apenas me enteré de que ellas se irían el último del mes. Lucca trabajó el turno de la mañana esta semana y para cuando llegó el viernes en la tarde, yo ya había arreglado todo para que pasáramos la noche aquí. Él estaba un poco molesto porque le parecía que todo era demasiado apresurado y que su mamá, para variar, tenía la razón en cuanto a que debíamos ofrecer que hicieran ellas su mudanza el fin de semana y nosotros mudarnos *"piano, piano"* el siguiente fin de semana.

¡Piano, piano un cuerno!

Ya pasaron suficientes meses *piano, piano* para mí como para esperar una semana más. No, ya no. Ya me cansé de que me echen montón, Dari, y de que siempre quieran hacer lo que ellos dicen. Esta será mi segunda noche aquí y todavía es un gran desorden. Estamos durmiendo en una de las recámaras con las dos camas individuales que compraron para las chicas y, al parecer, nos quedaremos con los muebles de dormitorio de escuela por un tiempo.

Claro que me importa y, por supuesto, me enoja ver mi casa tan fea; pero solo saber que estoy en mi propia casa, me llena de alegría. En la semana veré qué puedo hacer para mejorar el aspecto de la residencia estudiantil y trataré de convencer a Lucca de comprar algunos muebles, a ver si lo consigo. Aunque vivimos en casa de sus padres por siete meses, siempre dice que no tiene dinero. Ni siquiera para ir al cine o a cenar, siempre dice que debemos ahorrar y que, si gastamos en eso, no tendremos para otras cosas. Pero cuando le pregunté si podíamos comprar una recámara, me respondió que no era el momento.

Por ahora no voy a discutir el tema, estoy muy entusiasmada y aunque tenga que comer en el suelo, ya no tengo que agobiarme por sonreír aun cuando lo único que quiero es mandarlos por un tubo. Voy a ir a comprar mortadela para hacerle un panino a Lu, yo la odio, pero a él le fascina y Antonella la compra poco, así que lo consentiré para que se le pase el mal trago de haber dejado la casa de su *mammina*.

Te mantendré al tanto con la esperanza de empezar a llenar tu buzón de mejores noticias cada vez.

Abrazos y besos.

QUERIDA DARINKA

Parece que fue ayer ese día, recuerdo mi entusiasmo y mi alegría al saber que pasaría mi cumpleaños en mi casa nueva. Apenas empezaba mi historia en Italia y era claro que no imaginaba lo que vendría. Hoy, en retrospectiva, me apena mucho de lo que hice, no porque me faltara razón para sentirme tan molesta como me sentía, sino porque llegué a romper el equilibrio de una familia ocasionando muchos disgustos.

La paciencia sigue sin ser mi mayor fuerza, sin embargo, trato de distraerla haciendo cosas que me gustan y amansarla inhalando y exhalando. Justo ahora, buscando una casa a donde mudarnos para caber con todo nuestro menaje, intento ver el lado positivo de las cosas a pesar de parecerme increíble que una vez más esté a la merced de las decisiones de mi esposo. Otra vez ese lugar en el que, de no ceder a sus peticiones, terminaría ocasionando una lucha eterna de estira y afloja.

Cualquiera pensaría que no he aprendido nada, que todos los años pasados y los baches que he tenido que sortear no me hubieran dejado ninguna lección. Pero es justo lo contrario, no puedo resolver los problemas de mi presente con las soluciones de mi pasado y es justo porque entendí un poco la lección, que estoy sentada aquí en el escalón de mi jardín, escribiendo entre un lanzamiento de pelota y otro en lugar de estar en el juzgado firmando mi divorcio. Con el tiempo he entendido que, a veces, no obtenemos lo que queremos, pero siempre nos llega lo que necesitamos. Ahora toca capitalizar la experiencia del pasado y pacientemente espero a que lleguen nuevos vientos que nos guíen hacia el destino que nos toca.

Roma, agosto 10 del 2001

¡El calor es infame, Darinka! Agosto en Roma es el noveno infierno, las calles humean y a veces parece que el mismísimo Lucifer saldrá de las cloacas para jalarte de los pies que se pegan en las piedras para quitarte los zapatos y sumarlos a su colección en lo más bajo del inframundo. El sudor parece infinito, comienza cuando sales de bañarte y termina mientras te bañas para volver a empezar al segundo en que el agua dejó de caer sobre tu cuerpo. Estar continuamente empapada en sudor me ha resultado agotador.

El único lugar en el que he sentido tanto calor en el pasado es en las playas mexicanas, pero aquí no hay coquito frío ni brisa del mar ni aire acondicionado en la recámara. Jamás en mi vida imaginé sentir tanto calor por tantos días sin podérmelo quitar con nada. Hace unos días que compramos un ventilador porque le puse un *ultimátum* a Lucca para hacerlo después de que me encontró tirada en el piso de mármol en ropa interior rogándole a Dios que se acabara el verano.

Primero se atacó de la risa, no lo culpo; encontrar a su esposa en cueros tirada en el suelo retozando de calor es chistoso. Pero lo mío no era una puesta en escena, era real mi exasperación por no encontrar la manera de mantener mi cuerpo fresco fuera de la regadera. No era la primera vez que rodaba por el piso después de bañarme en un intento de mantener fresca la temperatura de mi cuerpo al menos unos minutos más.

Obviamente, tenía que recorrer todo el departamento rodando como taco con sal para que la sensación durara un poco más porque pasados solo algunos segundos, el piso ya había entibiado lo suficiente como para dejar de ser agradable. Cuando por fin pudo ver mi cara, se dio cuenta de que no era una invitación erótica sino un acto de sobrevivencia y entonces empezó a regañarme:

—*Mortacci tua Je, ma perché apri le finestre?* —me dijo dirigiéndose hacia la ventana del *salone*—. *Mannaggia te! Ma come fai a stare qui dentro con le finestre aperte con l'afa che c'è?*

Me levanté del piso como quien está a punto de perder el último respiro rogándole que no cerrara la ventana, pero lo hizo y me explicó que cuando el calor era tanto, las ventanas solo debían abrirse durante la madrugada muy temprano para cambiar el aire y refrescar la casa todo lo posible, pero que antes de que el sol empezara a subir, debían cerrarse junto con la serranda, que es la persiana metálica que protege la ventana para evitar que entre el calor o pegue el sol dentro de la casa y provoque que esta se caliente aún más.

Dime tu, ¿yo cómo iba a saber esto, Darinka? Suena de locos y jamás se me hubiera ocurrido, pero efectivamente, al día siguiente, aunque a ratos tuviera que prender la luz a media tarde, la casa se empezó a sentir más fresca y vivible, aunque todavía me parecía una falta de respeto tanto calor. Entonces compramos el ventilador, pero no, no consigo aún acoplarme y extraño las tardes lluviosas de mi ciudad que en estos tiempos son una delicia después de los calores de la primavera.

Sabía que en verano el calor era mucho, pero la verdad sí me he sentido rebasada. A veces en las noches me siento sofocada, como si no pudiera respirar. Es una sensación extraña que no había sentido nunca, y de verdad que eso de tirarme al piso no lo hice por tirarme al drama; hasta yo me sorprendí a mí misma ahí tirada después de salirme de bañar. Te confieso que la primera vez me sentí ridícula, pero cuando sentí el fresco me encariñé y lo volví parte de mi ritual matutino.

Pero esos sofocos raros que me dan a veces no me gustan, ¿qué será, Dari? Hace tres días que me cuesta trabajo salir de la casa, no sé si es por el calor, pero cero se me antoja estar en la calle. Cada vez que pienso que tengo que bajar a comprar la comida o caminar hasta el mercado que está a cinco minutos a pie, siento como una presión en el pecho, como cuando te espantas de repente por algo, muy extraño. Supongo que mi cuerpo no está acostumbrado a tan altas temperaturas y repela, ¡ja, ja!

El otro día salí a tirar la basura porque aquí, a diferencia de México, tenemos que bajar la basura a unos contenedores enormes que están en la calle y el camión pasa todas las noches y los levanta para vaciarlos dentro de él. Es un ruidero, pero no hay que esperar a oír la campana para salir corriendo a corretear el camión y darles propina para que te hagan el favor de llevarse tu basura, lo cual me parece muy bueno y cómodo. Pero el caso es que, al tirar la bolsa en el contenedor, ¡por error tiré las llaves de la casa!

Los contenedores son casi tan altos como yo y para mantener la tapa arriba, tienes que pisar una palanca dura de metal. La cuestión es que no alcanzaba a ver las llaves ni parada en la palanca que estaba súper resbalosa. Claramente, no es para que uno esté subido en ella para asomarse dentro el asqueroso contenedor; entonces se me bajaba la tapa cada vez que me resbalaba y caían mis pies de nuevo sobre el piso. Pasé varios minutos dilucidando sobre cómo recuperar mis llaves sin tener que llamar a Lucca para que me ayudara a resolver mi tontería hasta que, como caído del cielo, pasó un señor como de 1.80 cm de alto con un bastón en la mano. Me moría de la pena, pero con todo y eso me acerqué y le expliqué como pude lo que me había pasado. Muy amablemente fue al contenedor, le abrí la tapa con mi pie y asomó su blanca cabeza para ver inmediatamente mis llaves casi al fondo de éste. Se echó para atrás y expresó entusiasta:

—¡*Eccole! Sono su una busta quasi al fondo del contenitore.*

—*E mo che fammo?* —Pensé para mis adentros y me contuve antes de pronunciar mi malamente aprendido romano para continuar diciendo—. *E allora, cosa possiamo fare, mi scusi?* —En un perfecto italiano que todavía me costaba trabajo utilizar, pues en casa, no obstante Lucca puede hablar un italiano impecable, se empeña en mantenerse fiel a sus raíces romanas y su corazón *Laziale*. Esto me provoca muchos conflictos para comunicarme en el exterior de mi casa, ya que mi todavía escaso vocabulario se confunde a veces y la gente mayor en general no ve con buenos ojos a las personas que hablan *romanaccio*.

Pero mi urgencia por recuperar mis llaves puso por encima mi educación y habilidad para conseguir que las personas me ayudaran. El señor giró cortésmente su bastón y lo introdujo en el contenedor, sacó de la bolsa de su pantalón un pañuelo que colocó sobre su nariz y asomó su cabeza para dirigir el bastón hacia las llaves mientras yo mantenía mi pie sobre la palanca concentrada para alzar la tapa y no dejarla caer sobre la cabeza del gentil hombre que me estaba salvando de un *mannaggia* más de Lucca.

Total que logramos sacar las llaves y el señor limpió su bastón con el pañuelo antes de volver a colocar su mano sobre la empuñadura devolviéndome las llaves con una sonrisa y diciéndome:

—*La prossima volta faccia più attenzione ragazzina.*

Le agradecí tan amablemente como mi vocabulario me lo permitió, pero con la sonrisa más grande que pude, nos despedimos y volví a casa feliz de haber sido capaz de resolver mi problema sola y sin *mannaggias* ni *mortacci tuas*. Pero lo raro es que desde ese día cada vez que pienso en salir me da esta sensación rara que te contaba y no sé a qué se deba. Justo ahora, mientras te escribo, me vino en mente un ejercicio que me mandaste alguna vez en el que debía abrir la llave del lavabo y observar el agua correr por el tiempo necesario hasta que me pasara esa emoción que tenía en el momento. Lo voy a intentar hacer antes de salir a ver qué pasa.

A presto, Dari!

Han pasado muchos años desde ese día y todavía tengo fresco el recuerdo. Me muero de risa cada vez que pienso en mi cara de angustia mirando a mi alrededor esperando que alguien me ayudara a salir de esa, así como la luz de mi mirada cuando vi al señor cargando un bastón como un ángel caído del cielo. Sin duda, la perspectiva que da el tiempo y los eventos que suceden en medio, ayudan a ver las cosas desde otro lugar. Hoy me parece una anécdota tan simpática e, incluso, inverosímil que haya pasado una persona justo con lo que yo necesitaba para resolver el problema. Hoy lo veo como el milagro que fue, la respuesta a una solicitud al universo; pero cuando me leo, escucho la voz de mi preocupación y la angustia que empezaba a sentir en ese entonces cada vez que me enfrentaba a un problema y que, poco a poco, me llevaron a ese espacio tan oscuro por el que tuve que pasar.

Roma, Italia, 25 de agosto del 2001

Hace trece días que no salgo de casa, Darinka. Paso los días encerrada en la semioscuridad de mi cuarto buscando las fuerzas para salir de mi cama, bañarme, limpiar la casa y hacer de comer. Los días se me hacen tan largos que prolongo mis horas de sueño para evitar afrontar los dilemas de cada día. Mis problemas no son nada, no tengo nada importante que hacer más allá de bañarme, pasar la aspiradora, trapear (¡que lo odio!) y salir a comprar lo necesario para el menú del día.

Pero no puedo encontrar la energía para hacerlo, nada me inspira, nada me motiva y todo parece un enorme obstáculo que sortear cada día. Estoy harta de bañarme sentada en la pseudo bañera de mi casa, ¿a quién pudo ocurrírsele que uno puede asearse sentado en un escalón? Esto no es una tina porque no puedes estirar los pies y tampoco es una regadera porque para estar parado tienes que colocar un pie sobre el "asiento" y otro sobre el piso, entonces no queda más remedio que sentarte, pero ¿cómo demonios te bañas sosteniendo la regadera sentada?

¡Ya sé, ya sé! ¡Qué tontería! Pero es un alucine, Darinka, y ya me cansé de sentirme todo el tiempo fuera de lugar con tanta quejumbre desde que llegué. Me siento siempre inadecuada, pero no me hallo, como dicen en mi pueblo. No sabía lo difícil que sería entender otra cultura y vivir inmersa en ella. Solo la conocía desde afuera y por dentro es muy distinta.

Los muebles de la casa de estudiantes me parecen horrendos y no puedo dejar de pensar en todo lo que dejé en México que hoy haría más lindo mi departamento y mi vida más alegre. Mis tapetes nuevos, las cortinas hermosas que acababa de mandar a hacer, el futón que me costó tantos años poder comprar, las toallas que me gustaban por suavecitas y delgaditas, mis platos irrompibles y alegres con frutas y colores, el ropero antiguo en mi sala y los cojines sobre los que me tiraba a leer en el tapete al atardecer mientras me bañaba la luz del sol calentándome las piernas.

Pero sobre todo me hace falta mi gato. Extraño a Maximiliano como no tienes una idea y Lucca no quiere que vaya por él. No me reconozco Darinka. Siento que se quedó en México todo lo más valioso para mí, incluyendo mi valentía, mis agallas, mi tenacidad para enfrentar la vida y sus problemas. Quiero huir, pero cuando miro para atrás me doy cuenta de que no dejé nada para volver, no tengo trabajo, no tengo casa y tampoco tengo ganas de llegar con mi cara de tonta a enfrentar mi fracaso y pedir ayuda.

Mi relación con Lucca es tan vacía que apenas puedo entender lo que estoy haciendo aquí. Parece como si los motivos que me trajeron a este país se hubieran desvanecido y no encontrara ni el amor ni los sueños que tenía antes de empezar esta aventura que me está llevando a un espacio tan triste. Tengo un boleto para volver a México en octubre y creo que lo haré, al menos por unos días. Siento que estar allá con mi gente me hará bien. Hablaré con Lucca sobre Max y veré si lo puedo traer.

Últimamente hablamos poco, casi nunca está en la casa y cuando está, mira la televisión sentado sobre la silla del comedor que es el único lugar que tenemos para sentarnos o está dormido porque se paró muy temprano en la mañana y duerme después de comer hasta que despierta y se baja al bar con los amigos. A mí me cuesta trabajo tener iniciativas y justo ahora, incluso se me complica bajar al negocio frente a mi casa a comprar comida congelada para no tener que cocinar sin que mi corazón palpite de angustia.

En el verano mucha gente sale de viaje y las calles se ven solitarias, muchos negocios cierran después de la una y no vuelven a abrir; dicen que se van a la playa, a Ostia que está a unos treinta minutos. Le he sugerido a Lucca que vayamos, pero siempre me dice que *fa schiffo*. A él todo le da asco, todo le parece aburrido, nada es lo suficientemente atractivo y a todo lo que le propongo le pone un pero. Así fue hasta hace quince días que empecé a enmudecer ante sus negativas.

¿Me imaginas muda, Darinka?

Yo tampoco me la puedo creer, pero estoy tan cansada de su apatía, tan fastidiada de sus imposiciones y de sentirme obligada a convivir con su familia después de siete meses de terapia intensiva bajo su custodia, que ya no tengo fuerzas para luchar contra esto que está siendo mucho más grande de lo que jamás imaginé. No tengo ganas de verlos, no tengo ganas de hablarles ni de sonreírles.

Antonella viene de vez en cuando después del trabajo, pasa a dejarnos algo de comer o solo para saber cómo estamos, pero siempre viene sin avisar y eso me irrita de sobre manera. No estoy acostumbrada, Darinka y cuando hablo con Lucca siempre me pide que entienda, pero de nuevo pregunto ¿y a mí quién me entiende? ¿Quién considera mis necesidades? ¿Por qué se me exige tanto? ¿Por qué no se exigen a sí mismos respetarme y entenderme de la misma manera que me lo solicitan a mí?

Me siento como muerta en vida, no consigo sentir el amor.

¿Qué me pasa, Darinka? ¿Qué me pasa?

QUERIDA DARINKA

Me sorprende el camino que he andado, y en el retrovisor puedo ver el sol resplandecer, a pesar de que, al recordar el recorrido, me asombré por lo oscuro del túnel que apenas empezaba a atravesar, pero que me llevó al espacio más luminoso que había conocido hasta entonces. La casa en donde vivimos actualmente Ángel y yo es una hielera, así que paso muchas horas en la escalera del jardín que es donde pega el sol la mayor parte del día. Mis perros aman este jardín y mi cachorrita, a la que bauticé como Florencia, es una luz que ilumina mis días mientras exploro en todos los medios posibles casas para mudarnos. Entre estudiar un anuncio y otro, le echo un ojo para ver qué pillada está haciendo y casi siempre está mordiendo alguna rama o el hueso de un aguacate que cayó del árbol.

Cuando ya me cansé de buscar, tomo tu caja y vuelvo a mi pasado, con la esperanza de que, por ahí entre mis memorias, me encuentre algún consejo para salir más rápido y volver al equilibrio del día a día. Sé que tengo todas las herramientas para moverme de este espacio, pero por algún motivo no consigo acceder a ellas. Me cuesta trabajo organizar mis días y no encuentro el tiempo para practicar todo lo que sé; estoy en estado de contemplación, incapaz de moverme porque no sé qué dirección debo tomar.

Roma, Italia, 28 de agosto del 2001

Perdóname por angustiarte con mis achaques y mis infelicidades, pero estas últimas semanas han sido difíciles. Quisiera tanto que estuvieras aquí para ayudarme a encontrar respuesta a todas mis dudas con tus preguntas atinadas. Hoy recordé el día que te conocí. Cuando te dije que no tenía dinero para pagarte; me ofreciste la consulta a la mitad del precio a cambio de comprometerme a no fallar a una sola cita, pues de hacerlo no volverías a recibirme. Después me dijiste:

—Estas sesiones no son una píldora mágica que va a alejar todos los problemas de tu vida. No te prometo que va a dejar de llover, pero aprenderás a sacar el paraguas o danzar bajo la lluvia según tu propio deseo.

Luego de que yo asentí con la cabeza porque no podía contener el llanto, me ofreciste un *kleenex*, te dirigiste a tu escritorio donde tomaste un papelito verde y me anotaste la cita de la próxima semana. Al reverso, escribiste: "Abrir la llave del agua y dejarla correr hasta que pase la emoción". Cuando me la entregaste, me hiciste saber que esa era mi tarea y que, si en la semana necesitaba buscarte, lo hiciera. Nunca lo hice.

No falté a mi compromiso contigo, todos los sábados a las diez de la mañana; ya fuera cruda, desvelada o en vivo después de la fiesta del viernes, siempre llegué a tu consultorio por seis largos años. Acababa de dejar la casa de mi mamá y estaba temporalmente en la casa de Liz y su mamá, en medio de una relación tormentosa y tratando de encontrar el valor para afrontar mi nueva vida de adulto.

Estudiaba la carrera y el dinero apenas era suficiente para pagar lo que me correspondía de la universidad y la cuota de mi coche que, debido al peso recientemente devaluado y a las tasas de interés que se habían ido al cielo, requería de más de la mitad de mi sueldo. Tuve el gran tino de salirme de casa justo el día que se anunciaba que México entraba en una de las más grandes crisis de la historia gracias a Salinas de Gortari. ¡Vaya tino!

Yo me acuerdo muy bien del primer día que me senté en el sillón orejón frente a ti. Me ofreciste un cigarro, tomaste uno para ti, te levantaste a abrir la ventana detrás de tu escritorio, volviste con el encendedor en la mano para encender nuestros cigarros y entre una bocanada de humo y otra, comencé a contarte lo que pasaba. La caja de *kleenex* sobre la mesita que separaba mi sillón del tuyo se terminó y te levantaste a buscar una nueva. Después de llorar por más de una hora, no pude evitar la risa al ver la caja vacía y el cenicero lleno de colillas.

No recordaba haber llorado tanto frente a un desconocido. Pero ese día supe que eras la persona indicada para acompañarme a buscar la salida de ese espacio que, comparado con lo que siento hoy, parece el cielo azul de Roma en una tarde de verano: claro y despejado. Tus palabras fueron siempre atinadas, a pesar de haber escuchado verdades que estaban escondidas detrás de mi necesidad por mantenerme siendo la que, hasta ese entonces había sido; no te detuve. Te escuché porque en tu manera de decirme las cosas había compasión, pero también autoridad, tino, pero también empatía.

El día que me despedí de ti, te pregunté si estaba dada de alta y me respondiste que no; hubiera querido cerrar la puerta con llave y secuestrarte hasta que tu respuesta fuera distinta. Hasta que me dijeras que yo estaba bien, que todo estaba bien y que nunca más volvería a estar como estuve cuando llegué contigo seis años atrás. Te lo volví a preguntar incrédula pensando que bromeabas, pero no fue así. Tu "no" era definitivo y rotundo; tu mirada y tu sonrisa a medias lo confirmaban.

Tenía tanta ilusión por llegar aquí a donde estoy que no quise entretenerme más en tu negativa, pero tu respuesta desde entonces no deja de hablarme al oído. Tenía mucho miedo de dar este paso, era como dar un salto al vacío sin poder ver el fondo del precipicio; sin embargo, me sentía muy acompañada por Lucca y su familia hasta justo unos días antes de la boda cuando entendí que él no me tenía de su mano, pues aún no soltaba la de su madre.

Pero ya todo estaba hecho, el destino quería que yo llegara aquí sin pretextos ni excusas. No me quedó más que subir al avión y despegar en este viaje que hasta ahora solo me ha parecido oscuro y misterioso. No veo hacia dónde me dirijo, pero me queda claro que ya no puedo hacer nada más que seguir caminando hacia adelante porque no veo tampoco el camino de regreso. Me siento muy sola, bueno, pues de qué otra manera me podría sentir si estoy aquí encerrada el día entero, ¿verdad? ¡Ja, ja! Ya sé, Darinka, ya sé. Debería sobreponerme, disfrutar mi tiempo y salir, pero ya me cansé de ser turista. Hace ocho meses que turisteo, seguramente no conozco toda Roma, pero con este maldito calor, te juro que salir es un suplicio. Consume todas mis energías y mis ganas de asomar la cabeza fuera de estas cuatro paredes que podrían ser frías por los horrorosos muebles que se apoyan en ellas, pero ¡No lo es! ¡ja, ja! ¡Es el maldito infierno!

¡Ay ya, Dari, mándame señales de humo, aunque sea!

Que bien me caería alguna de tus sabias recomendaciones de lectura justo ahora. Lo bueno es que mi mamá me regaló *Amarse con los ojos abiertos*, de Jorge Bucay antes de venir y lo empecé a leer ayer. ¡Leerlo me está abriendo los ojos, pero no me está cayendo nada bien lo que veo!

Me queda claro que el matrimonio no es lo que pintan las películas y que el "vivieron felices para siempre" es una mentira que vende mucho en las carteleras de los cines. Nunca he creído que casarse significara que los problemas terminarían, pero pensé que los problemas divididos entre dos serían menos pesados. Ahora me doy cuenta de que, en lugar de dividirse, los problemas se multiplican. No me faltan motivos para elegir a Lucca todas las mañanas, ¡pero también todas las noches lo descartaría de mi vida con los ojos cerrados! No sé lidiar con esta dualidad y me cuesta mucho trabajo entender cómo se maneja.

¡Un día lo amo y al otro lo colgaría de un poste y saldría corriendo sin mirar atrás! Según el libro, nuestra pareja es el reflejo de nosotros mismos, ¿de verdad así de mal estoy?, ¡ja, ja, ja! Sí, me acuerdo perfecto todas las veces que hablamos del hecho de que la vida se desarrolla a partir de mí, de que mi traducción del mundo, de acuerdo con mis experiencias, era lo que generaba mis creencias y que estas me limitan o me expanden.

Pero Darinka, ¿qué fue primero, el huevo o la gallina? O sea, ¿primero las cosas con él se empezaron a poner del asco y por eso yo estoy hundida en este hoyo o porque yo estoy hundida en este hoyo, las cosas se pusieron del asco? Sin afán de buscar culpables, no me siento responsable al 100 % de la situación actual. Tengo claro que no fui la más dulce y tierna mientras viví en casa de sus padres, pero también es verdad que fui completamente ignorada y se me impuso una circunstancia que no aprobé, sino que fui empujada por la fuerza. ¿Cuándo se hará responsable él de su parte? ¿Cómo se lo hago entender para que comprenda mi actitud y pueda yo sentir que me ve? No quiero ser una víctima, no quiero guardar rencor, pero necesito que, en la dinámica de todos los días, se considere mi opinión, que se tomen en cuenta mis sentimientos y mis límites.

Yo no alucino a Antonella, todo lo contrario, la quiero y la respeto. Pero tampoco me gusta que venga a mi casa sin avisar, me siento invadida, me siento observada, siento que Lucca no se ha cortado el cordón umbilical y que mi casa es solo una extensión de la casa de sus padres en donde pueden todos venir a opinar si debo comprar un mueble o si debo vender los que tengo o no. El otro día vino Giulia y aseveró: "No te preocupes, nos va a quedar muy linda tu casa". ¿Nos va a quedar, Darinka? ¿Nos va a quedar? ¿A mí, a ella y a quienes más? Yo solo sonreí, pero quería mandarla a su casa y pedirle que no volviera nunca más porque me parecía imprudente e invasiva su creencia de que yo necesito que ella o alguien más venga a opinar sobre lo que debo o no hacer en MI casa.

No es que sea soberbia, no es que no quiera aceptar su apoyo. Es que me siento rodeada, me siento acorralada, no me siento libre y me parece que en esta familia no hay límites y que, si yo hoy no establezco mis reglas, terminaré dentro de la telaraña de los De Carlo donde moriré asfixiada por el veneno de sus acciones invasivas. Lucca y yo nos elegimos porque él amaba mi espíritu libre y yo amaba su ánimo hogareño y familiar. Empiezo a creer que hoy ambos odiamos eso que tanto nos atrajo del otro.

Creo que estamos tratando de hacer embonar un cubo en un triángulo y estamos perdiendo de vista nuestra esencia y aquello que nos enamoró tanto y nos mantuvo unidos por cuatro años. ¿Nos idealizamos por la distancia? ¿Creímos que teniendo lo que nos faltaba estaríamos completos cuando en realidad debíamos reconocernos completos y ver por encima de nuestras carencias lo que en realidad somos?

Cuando lo miro no me reconozco en él. Es verdad que él nunca ha sido una chispita alegre que salga a bailar todos los viernes, no es el arrocito de todos los moles que le encante socializar. Bueno, sí, pero con todos los inútiles con los que pasa la tarde en el bar hablando de *calcio* que es lo único que conocen; pero carajo, todas las propuestas que le ofrezco le parecen sosas, costosas o está demasiado cansado para salir. Lo único que hace es comer y fumarse su estúpida *cana* porque dice que es lo único que lo relaja. Se la fuma y, efectivamente, se relaja por unas horas para luego volver a ser el mismo apático, neurótico y aburrido sin ganas de hacer nada que porque ya está muy cansado.

¿Qué fue primero, Darinka?

QUERIDA DARINKA

Ojalá pudiera responderme a mis propias preguntas en aquél entonces, qué distinta se ve la vida en retrospectiva. Qué fácil entender las cosas cuando somos espectadores y qué difícil ser protagonistas. Veinte años después todo me parece tan evidente... Leyendo esta carta entiendo que mis preguntas eran erróneas y por eso mis respuestas no resolvían mi problema. Yo misma lo digo en algún momento, la vida gira entorno a nosotros y son nuestras creencias limitantes lo que nos impiden salir del atolladero en el que nos metemos, pues queremos resolver problemas nuevos con viejas soluciones y enfrentar a todos los monstruos con la misma arma.

Este no era un solo monstruo, eran el monstruo del matrimonio, el de la vida en un nuevo país, el de la vida invasiva de la familia de Lucca y el de inventarme nuevamente. Quería enfrentar a todos los monstruos de un solo jalón, echarles una bomba atómica y destruirlos. Pero claramente mis armas no tenían esa capacidad, no eran armas de largo alcance y no me daba cuenta tampoco de que el arma más poderosa estaba dentro de mí. Pero qué fácil es hablar a toro pasado y no cuando debes tomar al toro por los cuernos.

ABRUZZO, ITALIA, 5 DE SEPTIEMBRE DEL 2001

¡Hola, Dari!

¡Por fin salimos del infierno y nos venimos a la playa!

Los padres de Lucca tienen una casa en el mar y por fin decidieron salir del incapacitante calor de Roma justo cuando empezaba a soplar el viento. Pero más vale tarde que nunca, y estoy feliz de haber salido a recibir un poco de yodo y exponer mi cuerpo al sol. Seguramente, cuando volvamos, el calor habrá pasado.

Abruzzo es muy bonito, me encanta la naturaleza por acá. Es curioso el paisaje, el pueblo donde nació Antonella está en un valle. Para llegar a la playa, pasas por un bosque super fresco y, al final, llegas a un pueblito en donde básicamente hay un par de pizzerías y alguna tienda de conveniencia. Ya casi todo está cerrando porque ya terminó agosto, que es el tiempo de vacacionar de los italianos. El caso es que la playa es de piedras, piedras grandes que hacen muy difícil el camino para llegar al mar.

Lucca camina sobre ellas como pez en el agua, ni siquiera usa chanclas. Claramente lo ha hecho desde que era niño, pero a mí me cuesta mucho trabajo, me duelen los pies y se me tuercen todos, aunque ciertamente, sin chanclas es más fácil. El agua es tibia y la marea muy baja, nada que ver con Puerto Escondido donde nos conocimos, donde es imposible meterse a nadar. Aquí todos pasan horas dentro del agua, incluso la gente mayor acerca una silla a la orilla y se sienta con los pies dentro del agua para refrescarse. Aunque el calor es mucho, nada que ver con la temperatura y la humedad de Roma. ¡Me hacía tanta falta esto!

Estamos todos más tranquilos, la hemos pasado bien entre risas y anécdotas de la infancia de Lucca y Giulia, incluso hasta la de Antonella que nació en el pueblo que está a unos kilómetros. Cuando el sol está más intenso, nos reunimos todos bajo la sombrilla a comer un panino o una mozzarella con pomodoro y entonces comienza el anecdotario mientras miran todos hacia el horizonte y ríen entre anécdotas y bromas. Me gusta mucho verlos así.

Tal vez es justo esto lo que tanto me atrajo a esta familia, estos momentos de unión y buen humor; como cuando Alessio habla y todos le hacen burla por su acento napolitano y él se ríe con ellos de sí mismo. Cuando Guilia abraza a Antonella y le aprieta la panza y le dice: "*Ti amo cicci*", y ella ríe tocando su ancho cuerpo y metiéndose un pan con mozzarella a la boca. Cuando Lucca los mira con amor y agradecimiento por todos los días que pasaron en este lugar y la feliz infancia que vivieron.

Me siento una espectadora mirando una comedia romántica. Me gusta mucho el sentido del humor italiano y me encanta la ligereza con la que le hablan los hijos a los padres. Nosotros en mi casa siempre tuvimos que guardar tanto respeto a mi madre que se terminó por crear un muro entre ella y yo. Este reír de sí mismos y tomar las cosas con humor, no fue parte de mi vida familiar y es algo que admiro mucho de esta familia.

Pero, ¿quién puede negar su naturaleza, Darinka? ¿Cómo puede uno dejar de ser quien es para pertenecer a un lugar en el que todo parece tan ajeno? Justamente, me siento como una espectadora mirando una pantalla de cine donde no se puede tocar a los actores, donde no se puede abrazar al protagonista mientras sufre o darle una palmada de camaradería mientras ríe. Una espectadora que vive desde fuera todas las emociones pero que no es parte de la historia. Así me siento.

Los De Carlo son una hermosa familia, cuando los miro desde fuera los amo tanto. Amo su unión, su sentido del humor, el respeto que tienen por la personalidad del otro y la capacidad de reírse de sí mismos. Aunque odio cuando Antonella defiende y justifica los arranques impulsivos de Lucca, me encanta la manera en que se refiere a él: "*Lui è fatto così, un po' matto, ma è buono, molto buono*". Sí, es un loco y es bueno, tiene razón. ¿Pero cómo hago yo para aceptarlo con tanto amor?

Quisiera poder fundirme con ellos y entrar en su mundo, sé que debo soltar y fluir, entiendo que lo estoy haciendo todo mal, pero no sé cómo,

Darinka. No sé cómo dejar atrás lo que soy y lo que conozco para abrirme al amor. Amar las diferencias me resulta fácil cuando no interfieren en mi vida, cuando las miro como en el cine, pero cuando se ponen frente a mí y no me dejan ser yo, cuando me atropellan pasando por encima de mis necesidades o mis deseos, cuando me enfrentan como una bestia obligándome a ser distinta a la que soy, entonces empieza el jaloneo.

Me voy a cenar; Antonella preparó *polpette* y no me las puedo perder.

No pude evitar las lágrimas al leer esta carta. Tengo pocos recuerdos tan vivos en mi memoria de mi tiempo en Italia con los De Carlo como ese viaje y esos momentos de paz y alegría que vivimos. Estábamos en territorio neutral y eso me hizo bajar la guardia. Recuerdo que por cinco días me metí al mar y flotaba dejando que las olas me llevaran hasta donde ellas quisieran; quería fluir con la vida, dejar de resistirme a lo que estaba sucediendo y permitirme vivir la experiencia siendo parte de ella, pero cada vez que la ola era un poco más alta, saltaba inmediatamente incorporando mi cuerpo buscando el piso. No soltaba.

LA INICIACIÓN

Roma, Italia, 23 de enero del 2002

Querida Darinka,

Han pasado tres meses desde que nos vimos en México. Regresé a Roma en noviembre con muchas ganas de salir adelante. A pesar de no haber conciliado con Lucca el hecho de traer a Maximiliano y me haya partido el alma haber tenido que dejarlo, estaba dispuesta a perdonar y dejar atrás todo lo que pasé el año pasado. Antes de venir leí y repasé todos los libros que tengo sobre la vida en pareja; terminé el de Bucay, leí a Erich Fromm y su *Arte de amar*. Volví a leer *Los hombres son de Marte y las mujeres son de Venus* para recordar lo distintos que somos y las diferentes perspectivas entre hombres y mujeres. Este libro seguro lo hemos leído millones de mujeres y los hombres lo deben utilizar para encender el fuego de sus chimeneas, pero bueno, es ilustrativo para los fines que lo leí.

También me eché *Las mujeres que aman demasiado* para tener las antenas bien prendidas y que no me lleven al baile. Fui al teatro a ver *Defendiendo al Cavernícola* para entender de qué pie cojean los hombres y me aventé otra vez la chilladera de los pobres incomprendidos, pero con toda la buena fe de considerar cada palabra del monólogo y hasta fui con mi doctor brujo a que me hiciera una limpia. O sea, llegué con toda la actitud, Darinka, así como lo platicamos: con toda la actitud y dejando atrás el pasado.

Lucca me recibió en el aeropuerto con un ramo de rosas rojas con una nota que decía: *"Benvenuta a Casa"*. Era claro que él también tuvo momentos de introspección y reflexionó sobre nuestra relación. Estando en México, antes de venir, hablé con él un par de veces y parecía que quisiera reconciliarse y mejorar las cosas. Le pedí entonces que entendiera que yo no podía olvidarme de quién soy para encajar en su vida y en su dinámica familiar, que él debía entender que cuando se crea un matrimonio bicultural, es muy necesario el respeto por ambas culturas y que el hecho de que yo viviera en su país no implicaba que yo debía volverme italiana bajándome del avión. Obvio, esto incluía también sus costumbres familiares, porque para mí el reto era doble: por un lado, entender la cultura del nuevo país en donde me estoy estableciendo y, por el otro, entender la cultura de su familia que, debido a las diferencias de nacionalidad, son doblemente distintas.

Yo solo quería que entendiera que yo no estoy acostumbrada a tanta presencia de la gente en mi casa. El hecho de que su mamá pasara a la casa todas las tardes me incomodaba; le expliqué que no era rechazo a Antonella, sino necesidad de espacio y respeto a mi derecho a elegir cuándo quiero ver a alguien o cuando quiero estar acompañada o no. Ha habido veces en los que literal me hago la loca y no respondo al timbre por no lidiar. Esa actitud no me hace sentir bien porque no soy ese tipo de persona, pero cuando has pedido repetidamente que te den tu espacio y respeten tu privacidad sin ningún éxito, ya no queda espacio más que para la acción, y yo no abro como muestra de mi molestia.

El caso es que llegando pasamos unas semanas muy alegres, con muy buena vibra y con mi suegra lejos de la casa. Pero en Año Nuevo, no teníamos ningún plan hasta que decidimos invitar a unos amigos suyos y cuando le propuse que hiciéramos el bacalao de mi abuela, su negativa fue rotunda.

—*No Je, facciamo la cena italiana, più semplice* —Me dijo sin miramientos y llamó a Antonella para pedirle que le preparara unas lentejas como es costumbre aquí.

No sé si es más por lo tupido que por lo duro, pero mi reacción fue una rabia incontenible. Le lancé el cenicero que tenía en mi mano y al esquivarlo él, terminó estrellado contra el vidrio de la vitrina que recientemente compramos en Ikea y que armó hace unas semanas, enojado como siempre, porque nunca había hecho algo similar. Por artes del destino, el vidrio no se rompió, pero él salió de la casa furioso y no volvió hasta muy tarde en la noche.

Darinka, ¿por qué tengo que explicarle algo tan simple como que tengo derecho a querer una cena de Año Nuevo con los platillos a los que estoy acostumbrada? ¿Por qué no puede entender que es justo que yo mantenga mi identidad a través de mis costumbres? Le ofrecí que hiciéramos las dos cosas y me respondió que era mucha comida. No pude enmudecer, que hubiera sido lo más sensato; solo pude arrojar ese cenicero hacia él porque mi rabia tomó la delantera sobre todo razonamiento. Ya no puedo más con esta historia, Darinka, estoy agotada.

¿Será que el matrimonio no es para mí?

¡La pregunta de los sesenta y cuatro mil! ¡Ja, ja!

    Hace cinco años que me volví a casar, y durante estos años Ángel y yo hemos sido novios de fin de semana, pues él trabajaba en la Ciudad de México mientras yo vivía en Querétaro, en la casa que estamos comprando. Al inicio la idea fue que allá en Querétaro estableceríamos nuestro hogar, pero poco duró el gusto cuando él ya pasaba más días en la Ciudad que en Querétaro. Estábamos buscando embarazarnos y la logística obviamente era complicada. A pesar de tanta tecnología, todavía los cuerpos deben unirse para procrear y a los óvulos todavía no se les puede poner en pausa o ajustarles el *timer* para que lleguen al mismo tiempo que el marido.

    Ya no tuvimos tiempo para que te platicara todo este recorrido, pero a partir de que me mudé de nuevo a la Ciudad para estar con Ángel, me hago la misma pregunta que te hice hace quince años. ¿Será que el matrimonio no es para mí? Me cuesta trabajo entender por qué de nuevo estoy haciendo cosas en contra de mi voluntad para sostener esta relación, sin embargo, sé que terminar con él tampoco es la panacea para remediar mi vida.

    Hablamos poco del tema cuando nos reencontramos antes de tu muerte, pero le diste al clavo en una cosa: mi vida no estaba tan resuelta como yo quería hacerte creer. O, mejor dicho, como yo quería hacerme creer.

Roma, 2 de febrero del 2002

Desde que te escribí por última vez, compré un calendario sobre el cual coloco una palomita verde en nuestros días buenos y una cruz roja en nuestros días malos. ¿Quieres saber el resultado? ¿A poco no lo adivinas?

El invierno aquí es un periodo difícil para mí porque no termino de acostumbrarme a que el sol se meta a las cuatro de la tarde. Empiezo el día temprano y me apuro con los quehaceres de la casa que, por cierto, te sorprenderías de verme lo hábil que me he vuelto para limpiar mi casa y resolver todos los temas del hogar en los que tanto detesto ocupar mi tiempo. Pero es justo este rechazo lo que me ha convertido en la más hábil de la limpieza. Me encanta poner la música de Selena mientras hago el quehacer. Tengo el CD de "Amor Prohibido" que dura unos veintiocho minutos. Entonces lo pongo cuando ya metí la ropa en la lavadora y cambié la cama, justo cuando tengo el *folletto* en mano, la aspiradora fabulosa que te conté cuando te vi.

Entonces le doy *play* y en friega empiezo a aspirar, sacudir, abrir las ventanas, limpiar el baño y trapear al final. La verdad cuando pasa la "Tecno cumbia" le adelanto porque me cae gordísima, pero "Si una vez" siempre la repito, ¡a veces hasta tres veces porque me encanta! Ya que terminé de todo eso, saco la ropa de la lavadora y cuando el tiempo lo permite, la tiendo fuera, cuando no, tengo que dejarla dentro de la casa. Lo bueno es que tenemos una recámara extra y puedo cerrar la puerta y no verla. En realidad, cuando hay poco sol, lo más conveniente es dejarla dentro porque se seca más rápido. En los días nublados, aunque no llueva, tarda a veces dos y hasta tres días en secar si la cuelgo fuera.

No entiendo por qué si tienen este clima, no utilizan secadoras. El otro día le pregunté a Lucca por qué no comprábamos una y me respondió:

—¿Para qué la quieres si en Roma tienes el sol? —Ya mejor ni discuto, como si en México no hubiera sol.

El caso es que ya no he vuelto a llorar sentada junto al escusado por el *shock* que me provocaba haber dejado mi vida cómoda bajo el ala de Juanis, la reina de la limpieza que trabajaba en mi casa, por venir acá a lavar ajeno, ¡ja, ja! Ya sé, es mi esposo, pero hay prendas que cada quién debería lavar por sí mismo, ¿no? ¿Cómo es que tantas mujeres tenemos esa sana costumbre y a los hombres nunca se les inculca? La ventaja en Italia son los *bidets*, al menos se lavan el trasero después de ir al baño, menos mal me casé con un italiano.

La verdad es que mis habilidades para la limpieza me las enseñó Lucca. Nunca viví con un hombre antes, pero dudo que haya muchos tan limpios como él. Yo hago la limpieza general dos veces a la semana y él lo hace el fin de semana, sobre todo trapea porque como a mí no me gusta, creo que no lo hago muy bien. Pero a él le quedan los pisos relucientes, no entiendo por qué. Y luego mueve el refrigerador y limpia perfecto atrás y la estufa la deja reluciente. Es su obsesión. Casi al terminar, quita todas las persianas de afuera de las ventanas y las mete a la super bañera horrorosa que tenemos y las lava con jabón porque dice que Roma es muy sucia y que alucina abrirlas y que estén llenas de polvo. ¡No pues llégale! Cada quien sus obsesiones.

Me gusta mucho esa parte de él, la convivencia en la casa no es difícil, a veces hasta parecería que nos educó la misma madre. He notado que en Italia hay mucha gente con malos modales y poca educación, pero Lucca y su familia son muy educados. No solo tienen buenas maneras, también buenos modales y eso me gusta mucho en ellos. Noto que mucha gente es maleducada y se tratan horrible. Luego, en el metro y en los camiones mucha gente usa guantes, me parece una exageración. Basta con llegar a casa y lavarte las manos, ¿o no es igual? Llegan a la casa y se quitan toda la ropa y la echan a lavar como si estuviera infectada, de hecho, en el supermercado, en el pasillo de los detergentes, hay desinfectantes, no sé, estas cosas me sacan un poco de onda porque me parecen una exageración. Pero bueno, cada quien sus manías.

El caso es que empiezo a sentirme menos mal a pesar de que el calendario que coloqué para medir la temperatura de mi matrimonio está en rojo. Me cuesta menos trabajo la vida cotidiana en general, pero no puedo hablar con Lucca sin que la conversación termine en una discusión, en un enojo o en un "me voy a dormir". Hace unos días, empecé a buscar trabajo en el periódico y encontré un anuncio que me pareció interesante porque buscaban a alguien que hablara inglés, entonces llamé e hice una cita. Como hablo poco con Lucca y a veces sale muy temprano en la mañana, no le dije nada y solo fui a mi cita sola.

El lugar a donde fui estaba lejísimos; tomé el metro hasta Via Tuscolana y luego un autobús a una zona que parecía casi fuera de la ciudad. Cuando llegué a la dirección indicada, apenas abrí la puerta del despacho y miré a mi alrededor, ¡salí corriendo! Era como esas típicas oficinas que reclutaban vendedores de puerta en puerta en el centro de la Ciudad de México, el lugar estaba lleno de personas, claramente extranjeros, llenando la solicitud. La mujer que entregaba la solicitud también era extranjera con acento de Europa del Este. Entré, di tres pasos hasta la mujer de las solicitudes y cuando la tuve enfrente me paralicé. Inmediatamente, supe que no era el lugar para mí, tuve que armarme de valor para decirle: "*Scusi, credo che mi sono sbagliata d'ufficio*", darme la vuelta y salir corriendo.

Mientras bajaba por el elevador me reía de mí misma, pero a la vez tuve mucho miedo. Caminé a paso acelerado hasta la parada de autobús rogando a Dios porque llegara de inmediato, ya que empezaba a atardecer. Afortunadamente, llegó casi al instante, pues no estuve tranquila hasta que llegué al metro debajo de mi casa, pero los pocos minutos que esperé fueron suficientes para darme cuenta de que la zona donde estaba era fea, con gente rara. Esa noche cenamos en casa de mis suegros y ante su pregunta de qué había hecho ese día, les respondí:

—*Sono andata ad una intervista per trovare lavoro* —No esperaba su cara de sorpresa, pero cuando me preguntaron a dónde había ido, saltaron todos en asombro y Lucca inmediatamente me regañó—: *Mortacci Tua Je! Ma che cazzo sei andata a fare li?* —indicó muy molesto.

Yo no pude aguantar la risa porque yo misma me hice esa pregunta cuando llegué a casa. ¿Qué carajos fui a hacer a ese lugar y sin que nadie supiera dónde estaba? Cuando hice la cita no tenía idea, pero una vez estando ahí supe que algo no andaba bien y por eso salí corriendo. Lucca y sus papás me platicaron de toda la mafia de drogas y trata de blancas que existe en Roma y de lo peligroso de esa zona, entonces confirmé que mi intuición no había sido equivocada y que mi temor no era debido a los ataques de ansiedad que me dan desde hace unos meses.

El latido acelerado de mi corazón y las palpitaciones que me dan de pronto se han hecho cada vez más frecuentes. Por eso trato de salir y de buscar la manera de hacer mi vida más normal, pero equivoqué la vía y ya me andaba metiendo en líos por hacerme la independiente. A pesar de que mi estado de ánimo es mejor, no dejo de sentirme incómoda y esta ansiedad me molesta mucho, Darinka. No estoy acostumbrada a sentir que no tengo el control de las cosas, no me acostumbro a depender de que califiquen mis decisiones o de que alguien me diga si lo que quiero hacer es lo conveniente o no. Esta experiencia de la entrevista me dejó claro que debo ser más paciente y que debo hablar con Lucca antes de tomar decisiones; esto es algo a lo que no estoy acostumbrada y me cuesta mucho depender en todos los aspectos. Desde el aspecto económico hasta las cosas más simples como elegir una pasta de dientes por encima de la otra.

En el supermercado me tardo horas mirando y buscando algún envase conocido para elegirlo por encima de las marcas que en mi vida había visto. Ya tengo una colección de *shampoos* porque la marca que yo usaba en México aquí no existe y los que he comprado no me han gustado. Parece una tontería, pero cuando tienes que preguntarle a tu cuñada qué jabón de baño comprar para no gastar el dinero en cosas que no te gustan, o tienes que hablar con tu esposo para que te diga cómo encontrar un trabajo después de más de doce años de haber iniciado tu vida profesional, sientes que, en lugar de ir hacia adelante, vas en reversa y a mí ya me duele el cuello por mirar hacia atrás.

Así pasan mis días, entre un aprendizaje y otro procurando tomar las cosas con buen humor y reírme de mí misma, teniéndome paciencia y compasión. Tengo días muy divertidos y otros que quisiera dormirlos completos para no tener que afrontarlos. Quisiera tener una máquina aceleradora del tiempo que me colocara de pronto en el momento en el que voy a ser feliz aquí. ¡No me mires así, Darinka!, ¡ja, ja, ja! Créeme que me esfuerzo, pero no lo estoy consiguiendo. Mi estado mental me boicotea continuamente, paso de la incredulidad por estar viviendo una experiencia increíble, a la frustración total por no ser capaz de encontrar la manera de sentirme útil y productiva.

Pero sigo adelante, sigo buscando con todos los recursos que tengo, la manera de entrar en contacto con esa chispa que enciende mis ganas de vivir. Todos los días despierto entusiasta y me prometo a mí misma que será un gran día, pero pocas horas más tarde caigo en ese espacio de desánimo y desesperanza que me pone irritable, ansiosa y tan intolerante. No quiero culpar a Lucca, pero irremediablemente lo hago, como si por ser el vehículo a través del cual yo estoy aquí, él fuera el responsable de mi felicidad, incluso de mi destino. Sé que no es así, pero tal vez es un mecanismo de defensa ante mi incapacidad por encontrar el camino para volver a mi estabilidad.

Vendrán tiempos mejores, lo sé. Es solo que no esperaba que fuera tan difícil, nunca creí que me encontraría con tantos obstáculos y que me sentiría tan sola. Lucca está presente, me apoya; pero es frío, lejano, callado… Miro sus virtudes y sé que por eso lo amo, pero sus virtudes no llenan mis días, no ocupan el espacio vacío que hay en mi corazón en este momento. Sus virtudes son como una joya, un brillante que pende de mi cuello y brilla intensamente ante la vista de los demás, pero yo solo puedo saber que está ahí, no puedo mirarlo y es casi como si no me sirviera de nada, un regalo costoso que me adorna pero que, al no poder verlo, pierde razón de existir.

Lo más valioso de mi vida a su lado es la facilidad con la que convivimos en la cotidianeidad. Sabemos exactamente lo que necesitamos el uno del otro, la rutina es simple y armoniosa. Todas las noches dejo sobre la estufa la cafetera llena y sobre la mesita dos biscochos; por la mañana él enciende la estufa y prepara su café, se come los biscochos y, tras encender un cigarro, entra al baño. Sale después de bañarse y se viste mientras yo preparo mi té en la cocina y algo más para desayunar sola porque él no come nada más.

Cuando trabaja el turno matutino, yo me regreso a dormir una hora más; cuando su turno es por la tarde, se va al bar, a hacerle arreglos al coche o a hacer algún trámite o encomienda, luego vuelve a medio día para comer y se va a trabajar. Por la noche, cenamos juntos mientras miramos el *telegiornale* siempre con malas noticias, esa parte la detesto, pero son sus costumbres. Aún en cenas familiares o de amigos, siempre tienen la televisión prendida. Miramos alguna película y nos vamos a dormir.

Acordar sobre qué comer es fácil, él siempre quiere pasta y yo la como porque es más fácil. A veces hacemos carne o ensalada, o Antonella nos trae alguna delicia de esas que hace. En general, los acuerdos diarios son sencillos. El problema es cuando se trata de salir de la rutina, de proponer alguna actividad o sugerir un día distinto, ahí todo se descompone y yo me desfiguro poco a poco con su cerrazón y sus negativas.

Tal vez con el tiempo se acordará de que me eligió porque era distinta, porque le gustaba que siempre se me ocurrían cosas nuevas, como él mismo lo dijo a una amiga mía cuando le preguntó por qué me había escogido. Quizás eso era atractivo mientras no estábamos en su hábitat natural y le permitía explorar otros países sintiéndose seguro, pero aquí, en su mundo, su seguridad está en mantener el *statu quo*.

Tiempo al tiempo, ¿verdad? Sí, eso me digo todos los días.

El tiempo y las experiencias me han hecho mucho más flexible, sin duda, y aunque acostumbrarme a las cosas nuevas me resulta mucho más fácil, me leo y me vuelvo a identificar con el estado emocional por el que atravieso actualmente. Hace semanas que siento de nuevo las palpitaciones en el corazón y la ansiedad que había olvidado cómo se sentía. Me llena de curiosidad entender por qué después de más de quince años vuelvo a encontrarme en un espacio tan parecido. Claramente, es tiempo de repasar lo aprendido y desempolvar algunos libros.

Roma, Italia, 15 de febrero del 2002

¡Hice mi primera pizza! ¡Y no paro de reír recordando la expresión de Lucca cuando la intentó partir y el cuchillo se dobló! Quiso ser muy amable conmigo, pero cuando levantó la pizza con la mano y golpeó la mesa con ella, el salami salió volando, pero la pizza ni se despeinó, ¡los dos soltamos la carcajada! Al parecer exageré con la levadura y me quedó un buen ladrillo para partirle la cabeza a cualquiera. Lo más divertido fue la cara de Lucca intentando contener la risa antes de que yo admitiera que la pizza era incomible. Cuando la saqué del horno, se veía espectacular y olía a pizza de horno de leña, por eso me atreví a llevarla a la mesa. Cuando él quiso partirla, mi incredulidad se antepuso a mi sentido del humor, pero cuando golpeó con ella la mesa para intentar romperla, no podía parar de reír.

Tuve mi lección y aprendí que en el supermercado venden unos sobres con la levadura justa y precisa que se necesita para hacer la pizza perfecta, así que ya lo volveré a intentar más adelante. Lo mejor fue que cuando él me llamó en la tarde antes de venir a casa para preguntarme si quería que trajera algo para la cena, le dije muy orgullosa que le tenía una sorpresa. ¡Pues la sorpresa nos la llevamos los dos cuando nos quedamos sin cena!

Giulia llamó unos minutos después para preguntar cómo había quedado la pizza, le contamos la hazaña y nos salvó invitándonos a cenar una cremosa *mozzarella di buffala* que acababa de traer su suegra del pueblo. Así que mi error al menos sirvió para que saliéramos de casa unas horas y riéramos una y otra vez de la anécdota.

¡Ok, ok! Vivir cerca de mi familia política a veces resulta conveniente. Sobre todo, cuando la cocinera de casa la riega o los domingos que Antonella hace la mejor *lasagna* de todos los tiempos y me consiente con *pasta e brodo* o *polpettine* que me hace para llevar a casa.

Después de mi inteligente cita de trabajo, me he puesto a buscar en las agencias de colocación de la zona. Es por demás decirte que me baja la moral el tema y, a veces, me siento completamente fuera de lugar.

Resulta que aquí mi carrera no existe, así que hace unos meses fui a la Universidad La Sapienza a preguntar cómo puedo revalidar mi carrera para ver si puedo conseguir un título universitario que me permita trabajar profesionalmente. Me pidieron todos los papeles de la universidad traducidos junto con el plan de estudios. Mi mamá me ayudó en México a conseguir a la traductora oficial y las apostillas. Fue un proceso largo, caro y tedioso, pero pensaba que valdría la pena pasarlo; pero no, me revalidaron solo cuatro materias. Esto me desmoralizó un poco porque tenía esperanza de que con la revalidación se requirieran un par de semestres para conseguir un título y estaba dispuesta a tomar el reto, pero triste mi historia, tendría que volver a cursar la carrera prácticamente.

Menos mal que esperé un año antes de casarme para poder tener un título que colgar de la pared. Río por no llorar, Darinka, parece que tengo que volver a nacer con nuevos sueños, nuevas metas y nueva carrera. Si tan solo tuviera idea de en quién me quiero convertir…

Es tarde, mañana tengo cita en Relaciones Exteriores para firmar el documento de mi residencia y poder ir a sacar mi *Carta d'Identitá* y ahora sí convertirme en toda una residente italiana y poder ir más a la segura a buscar un trabajo.

Leo tanta inocencia en esta carta que me dan ganas de abrazar a esa joven recién casada cuya vida en el extranjero apenas empezaba; me recuerdo con ternura. Solo quería hacer que mi vida funcionara en Roma y, para ello, necesitaba estar bien yo en primer lugar. Seguramente, a los ojos de los demás parecía egoísta, pero siempre he creído que, en la vida como en los aviones, cuando falta el oxígeno, primero debes colocarte la mascarilla tú antes de poder ayudar a los demás.

Hoy, como entonces, los días se hacen largos tratando de reinventarme, de retomar el ritmo en una nueva ciudad y bajo una circunstancia que a veces parece la vida de alguien que no soy yo. De nuevo me falta el oxígeno y necesito que me arrojen la mascarilla antes de morir sin aire. Leyendo me doy cuenta que mi necesidad de ser autónoma me ha ocasionado muchos problemas de pareja que a veces me han hecho sentir culpable por pensar primero en mí. Pero no concibo la vida de otra manera y las experiencias me siguen confirmando que así es el orden de las cosas. Justo ahora que tomé una decisión en contra de mis intereses, por el bien de mi matrimonio, me vuelvo a encontrar atrapada en la misma interrogante en la que me encontré quince años atrás.

Cuando era adolescente y empezaba a salir con chavos, comencé a tener pensamientos extraños que, poco a poco, me llevaron a un juego mental que viví por muchos años. En este juego, yo tenía una hermana gemela cuya personalidad era completamente distinta a la mía, a pesar de que fuéramos idénticas físicamente. Yo era muy libre, amaba viajar, era un poco bohemia, fiestera, amiguera y soltera. Mi hermana gemela era hogareña, dedicada a su familia, casada con un hombre maravilloso que la cuidaba y la procuraba incondicionalmente. Ella tenía varios hijos, no recuerdo el número, pero eran más de dos y su vida giraba en torno a ellos y a su maravilloso esposo. Mientras tanto yo viajaba por el mundo, escribía libros, me reunía con los amigos que recientemente conocía en cada ciudad que visitaba, pintaba cuadros y, de vez en cuando, la visitaba para jugar con sus hijos a quienes yo amaba y ellos me correspondían.

Formábamos parte de una familia numerosa, nosotras éramos las mayores, pero nuestros hermanos vivían lejos y nuestros padres también. Nuestro padre era un hombre muy amoroso y adinerado que me prefería a mí por encima del resto, me mimaba y me consentía más que a todos, cumpliendo todos mis caprichos y siendo el proveedor para todas mis necesidades, a pesar de que yo trabajara y ganara mi propio dinero. Un dato curioso de la anécdota es que yo viajaba en avión privado con un perro. ¡Vaya que echaba a volar mi imaginación!

En retrospectiva, empiezo a entender lo que pasaba en mi inconsciente: una lucha continua entre mi deseo y mi necesidad de libertad, y mis ganas de formar esa familia que idealicé, tal vez, porque los inicios de mi vida fueron así hasta que todo se rompió. Mi mamá se separó de quien yo creía era mi padre dejando la vida familiar atrás y ausentándose de casa continuamente porque debía trabajar. Cuando tenía ocho años, pocas semanas después de que dejáramos la casa donde crecí, tras una fuerte discusión con su pareja de ese momento y mientras yo lloraba asustada porque los gritos hasta entonces no me eran familiares, mi madre me dijo que debía entender que los adultos discutían y que eso no era asunto de los niños, por lo que no debía ni llorar ni intervenir.

Aquella noche tuve que convertirme en adulta a la dulce edad de ocho años y entender que ya no vivía bajo el ala de mi madre; debía protegerme por mí misma, ya que nadie me protegería más. Me tiraron del nido y tuve que extender las alas para enfrentarme al mundo. Mis herramientas eran ya muchas desde entonces, pues debo admitir que mi mamá se ocupó bien durante mi infancia de proveerme con buenas bases para enfrentar la vida; pero esa patada en el culo fue inesperada y tan poderosa que, muchos años después, aún en el consultorio la lloré.

Creo que todo esto desataba en mí estas fantasías, esta dualidad en la que he vivido siempre, cuestionándome si mi vida es mejor en la libertad y la seguridad que proporciona la soledad, o en compañía y la eterna duda por saber si estás haciendo lo suficiente, si te aman lo suficiente, si durará lo suficiente, si coges lo suficiente, si das lo suficiente, si cocinas lo suficientemente bien, si hablas de más, si callas de menos, en fin; ese eterno cuestionamiento que provoca la vida en pareja, al menos para mí.

No es extraño que hoy, tras haber tenido que elegir entre terminar mi matrimonio y quedarme a vivir en Querétaro sola o cambiar mi residencia nuevamente para estar con mi esposo, me vuelvan a la mente todos estos pensamientos y claro, tampoco es extraño que reciba mis cartas justo cuando necesito volver a mirarme y repasar la trayectoria.

Pero hoy que me leo y me observo en una situación similar entiendo que, para dar, se necesita estar completo. No se puede dar lo que no se tiene, si la copa está vacía, no hay elixir que ofrecer y la magia termina por apagarse. Las reservas del amor son las motivaciones que te han mantenido junto a la persona amada. Mientras más hayas dado, más podrás caminar sin seguir dando, pero las reservas con el tiempo se agotan y el amor empieza a caminar sin gasolina, pasando aceite hasta que se desviela y termina por detenerse.

Roma, Italia, 16 de febrero del 2002

¿Por qué nada me sale bien? ¿Qué pasa?

Hoy ha sido de los peores días desde que estoy aquí, Darinka, y de no ser por una perfecta extraña que me devolvió la fe en el ser humano, ya estaría en el aeropuerto de vuelta a mi país.

Resulta que fui a la oficina de migración a recoger mis papeles y después de hacer cuatro horas de fila con muy malos tratos y pésimos modos de los oficiales a cargo de organizar las filas; finalmente, al llegar al mostrador, me dieron la noticia de que no fue posible emitir el documento que necesito porque mi nombre en mi acta de matrimonio no coincide con mi pasaporte, al que le falta mi segundo nombre; entonces o cambio el pasaporte o cambio el acta de matrimonio.

Me permitieron hablar con un oficial que según podía ayudarme; para ello, tuve que esperar otras dos horas. Al entrar, me miró de arriba abajo, me preguntó cuál era mi problema con un aire prepotente, le expuse el tema y me respondió que para qué le hacía perder el tiempo si ya sabía que no había nada que hacer, que ya me habían dicho lo que podía hacer, que fuera a hacerlo y volviera con los papeles correctos.

¡Agh! ¡Estos modos de los italianos de verdad me ponen los pelos de punta! ¿Por qué uno me dijo que había esperanza si hablaba con este tipo si no la había? ¿Creía ese idiota que yo iba a pasar dos horas en fila porque sabía que me iba a decir que no? ¡A veces parecen tarados, prepotentes asquerosos!

Salí de la oficina tan enojada y frustrada, que apenas di la vuelta a la manzana, me senté en la banqueta y rompí en llanto. Me siento inútil, incapaz de resolver mi propia vida. Siento que dependo de Lucca para todo, que no puedo hacer las cosas yo sola, que todo me sale mal. Hoy quise ir a hacer el trámite sola a pesar de que Alessio me ofreció acompañarme, pues tenía la mañana libre. Le dije que no porque necesito fortalecer mi autoestima y volver a sentirme capaz de salir adelante por mis propios medios. No soy una niña para que me estén ayudando a resolver todos mis asuntos, pero ¡carajo! En este país, todo lo hacen difícil y complicado.

Estando ahí en la banqueta, de pronto sentí una mano sobre el hombro, era una chica cuyo nombre no pregunté porque mi frustración y enojo eran tales que me tomó por sorpresa. Me preguntó si estaba bien y solo moví mi cabeza en negación. Se sentó a mi lado y me preguntó si podía ayudarme en algo, entonces mi llanto comenzó a disminuir y, entre sollozos y un intento de sonrisa, le dije que no, que no era nada importante.

—*Niente di non importante può fare qualcuno piangere così, seduta sul marciapiede* —Me dijo ofreciéndome un pañuelo.

Era verdad, nada que no fuera importante podía hacerme llorar de esa manera, enojada y derrotada, sentada en la banqueta como nunca lo hice en mi vida. Nunca me sentí tan incapaz de caminar como esta mañana, Darinka. Me sentí sola y desprotegida. Desvalida. Las piernas se me doblaban y sentía en el pecho un palpitar incesante que me obligó a detenerme por temor a que me pasara algo.

Mientras hacía la fila y miraba a mi alrededor, veía a todas esas personas de color, probablemente africanas, otras de tez muy blanca y ojos claros, vestidas con ropas muy desgastadas y hablando idiomas que nunca escuché antes, algunas con niños que lloraban e incluso ancianos. Los miraba y me preguntaba por qué estarían ahí. ¿Qué los trajo hasta esta tierra en donde los tratan como personas de segunda clase? ¿De qué estarían huyendo para estar aquí soportando estos malos tratos y sea mejor que quedarse en el lugar de dónde vienen? ¿Cómo hacían para tolerar a los guardias malhumorientos, malencarados, malmodientos sin responderles o escupirles en la cara?

Para mí toda la situación era humillante y yo estaba ahí por amor, porque me enamoré de un extranjero, porque puse los ojos en un hombre que tuvo a mal nacer en una tierra distinta a la mía. Hoy debía tolerar a estos inhumanos que nos tratan a todos como si, al venir a vivir en su país, quisiéramos robarles algo.

Me pregunto si por ser inmigrante uno debe vivir con culpa o soportar los miedos y los prejuicios de los nacionales sobre sus hombros. ¿Es que acaso es un pecado querer hacer una vida en un espacio de la tierra distinto al de nacimiento y debe uno cargar el lastre y bajar la mirada por el resto de los días? ¿Por qué si la tierra es de todos, existen las fronteras impuestas por los seres humanos? ¿En qué momento de la humanidad se crearon estos límites que tarde o temprano terminan por coartar la libertad del ser y dividirnos? Ese afán del ser humano por controlarlo todo ha creado un mundo lleno de fronteras que solo ha provocado dolor y guerras.

Mientras hacía la fila no dejaba de pensar y cuestionarme, tal vez mi extrema empatía que muy frecuentemente me sobrepasa, me hizo absorber toda la energía que emanaban las personas que estaban presentes. Veía a muchos haciendo un esfuerzo por darse a entender, por comprender lo que les decían, pues la mayoría no solo no hablaba italiano, ni siquiera lo entendía. Yo quería ayudarlos, pero cuando me acercaba, siempre había un guardia que me regresaba a mi lugar de un grito. Puedo entender que para los que hacen el trabajo deba ser difícil y a veces la dificultad en la comunicación deba ser desesperante, pero ¿dónde queda la empatía? ¿Cómo se pueden ver la miseria, la desesperación y la ignorancia sin ningún sentimiento?

Me vino a la mente el día en que me dijeron que por qué no me iba a hacer la limpieza en alguna casa y entendí que la ignorancia de muchos italianos les impide comprender que fuera de Europa, también hay personas preparadas y que, aun no estándolo, tienen derecho a ser tratadas con respeto. Dudo mucho que todas estas personas estén aquí por gusto, dudo que decidan venir aquí para lavar baños, vender en la calle y ser perseguidos por la policía a causa de ello, lavar platos, limpiar pisos, acarrear mercancía en los mercados, pasar horas bajo el sol en los campos o hacer cualquiera de los centenares de trabajos que los italianos no quieren hacer. Dudo que muchos hubieran tenido idea de lo que vendrían a encontrar cuando huyeron de sus países por la pobreza o por la guerra. Dudo, sobre todo, que tengan una mejor opción y es solo eso lo que los mantiene tolerando la fila.

Me cuestioné mientras miraba si yo tenía una mejor opción, me pregunté si lo que me hacía estar ahí durante todas esas horas era lo suficientemente grande como para tolerar que se me tratara como persona de segunda. Fue muy triste darme cuenta de mi respuesta. Justo ahí me di cuenta de que hacía más de un año que intentaba ser feliz, que buscaba un sentido para justificar mi decisión de casarme y venir a vivir a Italia y no lo conseguía.

Cuando sentí la mano de la chica sobre mi hombro, por primera vez en más de un año, sentí que alguien empatizaba conmigo. No hablamos mucho, no me contó mucho, pero solo saber que a alguien le habían conmovido mis lágrimas fue suficiente para levantarme la moral. Desde que estoy aquí, no hago más que tener culpa por sentirme como me siento. Siento que le arruino la vida a todo el mundo, que estorbo y provoco problemas.

Siento que no soy capaz de resolver mis propias cuestiones, y me siento un peso sobre los hombros de Lucca. Siento que genero preocupaciones a mi familia en México, que no les doy la tranquilidad de saber que todo está bien, pues no puedo ocultar muchas veces mi estado de ánimo tan bajoneado. Me culpo por no ser feliz aun cuando tengo todo lo que, de acuerdo con los cánones que dicta la sociedad, debe tener una persona feliz.

No me falta un techo, tengo el refrigerador lleno, no padezco frío, tengo personas que me quieren, pero con todo esto no consigo ser feliz porque no encuentro un sentido a todo lo que estoy haciendo. Despierto por las mañanas y me falta un motivo para levantarme con ánimo para vivir y todo esto me hace sentir mal conmigo, con Lucca, con Dios, con la vida misma.

Sí, ahora entiendo que esa chica independiente y capaz de la que Lucca se enamoró no ha llegado a Italia. Se quedó llorando su vida cómoda y resuelta en México, su trabajo bien pagado, su lindo departamento recientemente amueblado y sus viejas amistades que siempre estaban prontas para levantarle el ánimo y ofrecerle un trago que le ayudara a pasar el amargor de los malos ratos. Esa mujer que le encontraba un sentido a todo lo que hacía, cuyos días estaban llenos de magia y motivos para sonreír, la que le levantaba el ánimo hasta al señor amargado de la casa de al lado con su sonrisa y sus halagos, la que leía poemas y escribía en su diario las cosas lindas que quería para su vida o que despepitaba en él para terminar siempre dándose cuenta de que todo lo que pasaba en su vida era para su bien y que no había habido hasta entonces un solo dolor que no le hubiera aportado al mismo tiempo un don.

Esa mujer se quedó detenida en la aduana.

No puedo más con esta historia, Darinka, no me gusta saberme rendida. Nunca he sabido lidiar con la derrota y no puedo con la idea de creer que tomé una mala decisión al venir aquí. Voy a salir de esta, Dari; te prometo que lo voy a conseguir, te juro que tu tiempo conmigo no fue en vano. No nos voy a decepcionar, no lo haré.

La próxima vez que te vea, me vas a dar de alta, te lo prometo.

QUERIDA DARINKA

Ese no fue el primer día en el que sentí la discriminación sobre los hombros, pero sin duda fue el primero en el que la viví tan frontal. No tenía idea de que las cosas en Europa fueran como eran, me acuerdo que me llamaba la atención tanto golpe de pecho que se daban los italianos y lo distinto que era en la realidad; el racismo era mucho y, entre algunos grupos, más notorio. Lo curioso es que ahora no me siento en la banqueta de la calle, pero hago lo mismo en el escalón hacia mi jardín, ¡ja, ja! Mi sentimiento actual se asemeja a la derrota y, aunque no me siento desvalida, sí me siento desmoralizada y también culpable como lo digo en esa carta, por tenerlo todo y, aun así, no sentirme plena.

Me siento como si al haber cedido a mi deseo y mi proyecto de vivir fuera de la ciudad, hubiera comprometido una parte de mi personalidad que es, justamente, eso de lo que siempre me he sentido tan orgullosa: Mi capacidad para proveerme de todo lo que necesito para ser feliz. Esa parte de mí que me hizo buscar salidas, encontrar recursos y renacer más de una vez, de nuevo está comprometida y rendida frente al ser amado.

Cada día que abro esta caja es como si me sentara contigo, querida Darinka, y tuviéramos esas sesiones que no pudimos tener, repasando el pasado y buscando nuevas maneras de resolver un presente que mira a ese pasado desde lo alto, con herramientas que entonces no tenía, con ojos que entonces no veían, pero que todavía tienen esos puntos ciegos que siguen sin permitirme ver con claridad en donde me estoy equivocando de nuevo.

Si no conociera el final de mi historia en Italia, esa carta tendría un efecto muy negativo en mi estado de ánimo; sin embargo, porque lo conozco, sé que tarde o temprano encontraré los recursos para levantarme y dejar este escalón sobre el que me encuentro con nosotras cada vez que puedo. Lo que contienen estas cartas se está convirtiendo en un reencuentro con aquella que fui, para darme cuenta de que no somos tan distintas a esa mujer de treinta años y a la lectora de cuarenta y seis. Nos une la esencia de la mujer libre que siempre hemos querido ser y la lucha por mantener nuestra individualidad en el matrimonio.

La esencia que he defendido desde que, cuando era niña, le pedía a mi madre que dejara al atarme las agujetas del zapato sola, la que no permitía que eligieran su ropa y armaba su atuendo con cada prenda que amaba, aun cuando entre todas ellas, ninguna combinara con la otra. Esa que nunca quiso mezclarse con algún grupo más de lo necesario para no permitir que la presión grupal interviniera en su manera de pensar, que pertenecía a todos los grupos, pero no se apegaba a ninguno, no por deslealtad, sino por temor de perder la lealtad a sí misma y que hasta hoy defiende sus puntos de vista por encima de las críticas y los comentarios de los demás.

Disfruto al leer, pues reconozco una fuerza que desde que me casé hace seis años, ha permanecido silenciosa mirando a Ángel crecer y hacerse cargo de la casa, mientras aprovecho el tiempo para explorar esas áreas de mi personalidad que tuve que silenciar mientras me ganaba la vida. Me descubro aprendiendo cosas que no imaginé sería capaz de hacer, como hacer un pastel de *fondant* o pintar un retrato. Me emociona explotar todo mi potencial y descubrir en mí un lado femenino que no necesita salir a cazar, fortalecer los músculos y portar pantalones para sobrevivir.

En los últimos años he descubierto cosas de mí que no sabía que estaban ahí, en mi interior; he cocinado, preparado mesas para recibir hasta veinte personas en mi casa en los múltiples eventos sociales y familiares que organizamos en casa Ángel y yo. Me sorprendo de mí misma pasando horas haciendo centros de mesa y adornos para que la mesa se vea hermosa, me gusta dejar mi casa impecable después de que los invitados se van porque me enorgullece levantarme a la mañana siguiente y ver mi casa, como si en ella solo hubiéramos estado Ángel y yo.

Una parte de mí ha gozado estos años en los que no ha tenido que lidiar con un jefe neurótico y una vida laboral frenética como lo hice en el pasado. Goza no tener que hacerse cargo de los gastos, de los pagos, de las responsabilidades. No lo voy a negar, como te lo dije las pocas veces que alcanzamos a vernos antes de tu partida, he sido feliz y he gozado de la vida de casada, es solo este último paso que me vi forzada a dar el que no termino de digerir.

Me siento como si hubiera tenido que dar diez pasos hacia atrás y separarme de mis anhelos para poder seguir adelante con mi matrimonio y este retroceso me incomoda mucho. Me enoja la falta de compromiso de Ángel ante las decisiones que tomamos al casarnos. Probablemente suene egoísta, pero es como si, por apoyarlo para que cumpla sus objetivos de carrera, yo debo sacrificar mis planes de vida.

He vivido más años de mi vida sola que acompañada, y probablemente tengo un problema de inflexibilidad que no se resolvió ni con los más de quince años de yoga que inicié antes de irme de México. Sé que la decisión de cambiar de residencia la tomé yo, igual que entonces, hacerme responsable de ella me obliga a enfrentarla con optimismo y aceptación. Pero mi estado de ánimo no concuerda con mi razón y, por más que lo intento, no consigo ver este paso como una buena decisión. No hay congruencia entre lo que pienso y hago, y eso me provoca mucha incomodidad. No tengo miedo en decir que me equivoqué, lo que temo son las consecuencias.

Roma, Italia, 20 de febrero del 2002

Al parecer ya resolví el tema del nombre en mis documentos y la semana próxima deberían de darme el documento que necesito para poder trabajar legalmente en Italia. Me llena de paz.

He estado explorando un poco más la ciudad y antier descubrí una librería en el centro que me encanta porque tiene un área de esoterismo muy grande. Fui a buscar un libro de astrología porque últimamente he recordado lo mucho que me servían las sesiones con Mara, mi astróloga en México, ¿te acuerdas? La primera vez que me leyó mi carta astral, en los primeros cinco minutos de lectura, me dio una fotografía de mi vida familiar, incluyendo el hecho de que yo no llevaba el apellido de mi padre biológico, quien no había estado en mi vida. Ese dato fue un *shock* y la razón por la cual empecé a creer en la astrología que, hasta entonces, me parecía pura charlatanería.

Si alguien podía saber algo tan íntimo sobre mí con solo interpretar los astros, era porque algo muy importante había en ellos. Después la consulté varias veces, la última justo antes de casarme en la que me reveló que mi estancia en Italia no sería lo que yo esperaba. Charlatanería, ¿no? ¡Ja, ja! Ella me describió a Antonella: tu suegra es una arañita que teje su telaraña alrededor de los suyos para evitar que se alejen de ella. ¡Vaya que fue acertada! También me describió a Lucca físicamente la primera vez que la consulté cuando él ya había aparecido en el mapa y hasta me advirtió que el 2001 sería un año muy difícil para mí antes de venir.

Muchas veces fui con ella para pedirle consejos y sus lecturas de tarot también eran atinadísimas y, muy a pesar de mi racionalidad, volvía una y otra vez con ella cada vez que me sentía atorada. Siempre encontraba en sus palabras, algo que hiciera "clic" en mi cabeza. Una vez hasta me aseguró que cuidara de mi coche porque algo podía pasarle y dos días después amaneció sin espejos retrovisores. Recuerdo incluso haber bromeado sobre el hecho de que tal vez ella se los había robado porque, según yo, era imposible que pudiera saber algo así solo con una tirada de cartas. Pero unos días antes de casarme, en una tirada de tarot, con la Rueda de la Fortuna frente a mí, me leyó:

—Estás en la rueda del destino, no puedes más que seguir adelante porque estás caminando hacia lo que es para ti.

Esa cabeza mía que todo lo quiere comprender, Darinka, y que a todo le quiere encontrar una razón de ser. Cuántos problemas me ha dado y qué difícil me hace la vida a veces con sus preguntas para las que no parecen existir respuestas. ¿Será que a eso te referías cuando me dijiste que no estaba dada de alta? ¡Soy una cabeza dura! No consigo detener mis pensamientos que a la vez que me confunden, me atormentan.

Sí, ya sé, me lo dijiste muchas veces: "Escribe lo que piensas porque cuando escribes liberas y cuando liberas, tu cabeza descansa y tú te sientes mejor", pero estos días no paro de hacerme preguntas y de verdad necesito respuestas que me ayuden a salir de este atolladero en el que me siento. Me cansé de andar por la vida sin rumbo, necesito una dirección y la voy a encontrar.

Así que ahora, a falta del tarot y la astrología de Mara, me ha dado por echar el *I Ching*, que es la nueva víctima de mis preguntas, ¡ja, ja! ¿Lo conoces? Es un oráculo chino al que le llaman *El libro de las Mutaciones* y funciona haciendo una pregunta, echando unas monedas y, de acuerdo con la lectura de las monedas, buscas en el libro las respuestas. Lo descubrí un día en la librería y me quedé echando las monedas hasta que llegó el encargado a preguntarme si lo iba a comprar y que, si no, dejara el libro en el estante; ¡ja, ja! No me quedó de otra más que comprarlo porque ya lo había mallugado demasiado, llevaba horas con él en la mano y desde entonces he pasado ratos muy interesantes jugando con este. La ventaja es que no se puede quejar porque le pregunto demasiado y, aunque a veces me responde barbaridades, le vuelvo a preguntar hasta que me queda clara su respuesta.

El libro habla en aforismos, obvio no te responde sí o no, sino que te da respuestas en clave sujetas a tu propia interpretación. Cuando le preguntas tonterías, las respuestas suelen ser completamente incoherentes, pero si tu pregunta es honesta, si viene desde un espacio sincero de tu corazón, las respuestas te vuelan la cabeza de cuán claras pueden ser. Está considerado como un libro de sabiduría, pero también como un libro de práctica divinatoria u oracular. Se le considera un libro que ayuda a lograr la armonía de la persona fluyendo con los cambios, ya sea pasiva o activamente, de acuerdo con las circunstancias, por eso tiene tal nombre. Pero también como libro oracular, se le reconoce como un instrumento que ayuda a encontrar la orientación correcta.

He disfrutado largas horas leyéndolo y entendiendo lo que me quiere decir cuando le pregunto, y muchos días encuentro alivio en las palabras que leo. Me recuerda los días en los que leía los evangelios antes de dormir, ¿te acuerdas? Varias veces te llevé las respuestas que encontraba en él y me ayudaste a dilucidar y encajar la respuesta en mi siguiente paso. Me gustaba pensar en una pregunta antes de abrirlo y siempre encontraba una lectura que me respondía o que me daba la dirección hacia donde ir. Pues el *I Ching* se asemeja mucho y estos días en los que apenas nos hablamos Lucca y yo, ha sido mi compañero.

Llevo dos días sin sentir esas palpitaciones horrorosas en mi pecho y no me he vuelto a poner tan nerviosa cuando salgo. Mara me hizo una tirada de tarot en México y, de acuerdo con ella, mi mamá me sacó una fórmula para unas flores de Bach que me prepararon en la herboristería en la mañana. Son apenas las nueve de la noche y tengo un sueño horrible. Creo que no esperaré a Lucca para cenar, pues hoy trabajó por la tarde y llegará después de las diez.

Pienso que no lo notará; desde el día que lloré como Magdalena sentada en la banqueta, apenas nos hablamos. Yo estoy cansada de buscar en él un apoyo que no encuentro y, seguramente, él está cansado de verme infeliz y quejumbrosa. Tal vez unas semanas de silencio nos ayuden a los dos a encontrar de nuevo la razón por la que estamos juntos, que, por cierto, es la pregunta que le hice hoy al I Ching: "¿Para qué me casé con Lucca?".

La ansiedad que he vivido en este último año no me es familiar, pero me hace pensar que la solución para resolverla solo la puedo encontrar en algo que todavía no he experimentado, que no conozco y que es más grande que yo. La fe en lo que sé hasta hoy no me ha ayudado a encontrar esa respuesta y, es por eso por lo que quiero saber lo que hago aquí, porque si yo hubiera llegado a este lugar para estar con Lucca, entonces la vida me está jugando muy sucio porque este matrimonio no supera la vida que dejé. Creer en eso me enoja aún más porque me doy cuenta de que su apatía por la vida y su desinterés por resolver me obligarán a dar más de lo que soy capaz o, peor aún, más de lo que quiero dar.

Mi vida en Italia ha sido oscura, Darinka, los días soleados se deben a un esfuerzo descomunal de mi parte por soplar las nubes, tan grande que me deja sin aire, me quita el aliento y me provoca esa opresión en el pecho que ya no puedo soportar. Las nubes son muchas, las tormentas constantes y cuando por fin aparece el sol, siempre llega un vendaval que arrastra de nuevo las nubes para esconderlo detrás.

Estoy convencida, como tantas veces lo hablamos, de que ningún mal rato llega por joder. Siempre hay una buena razón que alimenta al alma y que la coloca en un escalón por encima del anterior, desde donde se puede mirar más claramente el panorama de su propio trayecto y comprender mejor el significado de su existencia.

Yo voy a encontrar esa razón, porque mi vida lo vale, porque mi alma lo necesita. La voy a encontrar, aunque para ello, tenga que leer todos los oráculos, los libros sagrados o hasta cambiar de religión.

¡Esa soy yo, chingao!

No había tenido oportunidad de sentarme a leer porque hace unos meses volvimos de un viaje a Japón y, al llegar, soñé que tenía que ir a la calle donde vive Liz a buscar una casa. Entonces muy obediente, a la mañana siguiente me levanté y fui para encontrar una casa en venta. No le dije nada a Ángel, solo hice la cita para verla y darme una idea de lo que podíamos encontrar por la zona y los precios.

Cuando salí de la cita, Ángel me llamó para decirme que buscara una casa porque ya tenía el dinero para el enganche. Por fin siento que estamos en sintonía, creo que al fin dimensionó que cambiamos una casa en Querétaro por un jardín con cuarto en México y que no es lo más congruente quedarnos aquí dos años como me lo había sugerido al principio y yo, ilusamente. había accedido.

Me cae muy bien leer esta carta hoy porque me recuerda que cuando me pongo las pilas y dejo de quejarme y lloriquear por los rincones, siempre vienen cosas buenas. Esperemos que sea para nosotros y pronto pueda sacar mi casa de las cajas en donde la metí hace ocho meses. Escucho ahora mismo mis pensamientos y me parece que no he aprendido nada en estos diecisiete años. Me encanta que te haya escrito todo esto porque me recuerda que tengo muchos recursos de donde echar mano que justamente necesito sacar de esas cajas ¡ya!

En realidad, no es que haya olvidado lo que he aprendido, es que, tal vez erróneamente, me creo con el derecho de no volver a sufrir solo porque ya sufrí lo suficiente. Está bien, ¡*okay*! Lo que pasa es que no quiero entender que sufro justamente porque me resisto a fluir, porque todavía sigo creyendo que mi vida está bajo mi control absoluto a pesar de saber en carne propia que no es así. No es que no lo sepa, es que convenientemente lo olvido cuando el viento sopla a mi favor, que es justamente lo que ha sucedido los últimos seis años. Pero ahora que voy contra corriente y con el viento de frente, me enojo porque ese ego mío tan crecido por cuantas tormentas ha resistido, se niega a creer que aún no llega a tierra firme y que la búsqueda por el lugar donde establecerse lo sigue meneando entre mares y océanos.

Sperlonga, Italia, 19 de marzo del 2002

Hoy es el día del padre aquí en Italia y vinimos a Sperlonga a pasarlo con la familia del esposo de Giulia que tiene una casa aquí. Giulia llegó la semana pasada y yo me vine sola antier en la mañana, viviendo la peor angustia que jamás haya vivido.

¡No me reconozco, Darinka! Lucca me llevó a la estación y tuve que rogarle porque se bajara del coche para llevarme al tren y dejarme en mi lugar. Él mismo creía que era una broma cuando se lo pedí.

—*Basta che cerchi il numero del treno e lí puoi chiedere chiunque se hai un dubio.*

—¡Ya sé! —le decía mientras sentía mi corazón palpitar a una velocidad muy superior a la normal—. Sé que puedo preguntar, pero por favor, acompáñame hasta mi asiento, no sé cómo voy a subir la maleta yo sola.

—*Chiede qualcuno, ci sarà una persona che possa aiutarti* —Me respondía molesto porque no era fácil encontrar un lugar donde dejar el coche en la estación. No podía imaginarme subiéndome al tren y no pudiendo subir la maleta al maletero por mi propia cuenta, me angustiaba pensar que podía pasarme la parada porque las paradas son muy rápidas y hay que bajar la maleta y estar en la puerta lista para descender para cuando el tren se detenga. A veces los escalones son muy altos y me angustiaba no poder con el peso y tropezar.

Darinka, tuve los pensamientos más espantosos que te puedas imaginar ante una situación que era completamente conocida por mí y que en cualquier otro momento no habría representado problema alguno. A los veinte años viajé a Europa sola y cargué una mochila tres veces más pesada que esa por trenes y autobuses, pero ese día la angustia se apoderó de mí y no había poder humano que desacelerara mi ritmo cardiaco.

Finalmente, Lucca dejó el coche mal estacionado y se bajó para acompañarme. Por supuesto, estaba muy enojado y su enojo me provocaba aún más molestia física; él mismo sabe lo difícil que me resulta pedir ayuda, sabe que jamás hubiera hecho que dejara el coche si no era real mi sentimiento. Me resultaba imposible bajarme del coche y casi lloro como una niña el primer día de escuela frente a la puerta del colegio.

Las dos horas del viaje me sentía sudorosa, me temblaban las manos y sentía el pecho oprimido. Cada parada del tren tenía que sacar de nuevo el papel donde Lucca me anotó los nombres de las paradas para volver a contar cuántas faltaban para mi destino. En el camino la gente subía y bajaba, y cada vez que le echaba el ojo a alguien pensando que a esa persona le iba a pedir que me ayudara con la maleta, se bajaba en la siguiente parada, volviéndome a dejar desamparada. Fueron las dos horas más largas de mi vida y por más que me quería distraer leyendo, no pasé de la primera hoja de mi libro en dos horas.

Cuando llegué a la estación, Giulia no había llegado aún. No tardó más de diez minutos en llegar, pero yo ya había observado a mi alrededor y había visto la boletería, el horario del próximo tren a Roma y estaba a dos segundos de regresarme, de no ser porque me llamó Lucca para decirme que Giulia venía retrasada.

No me reconozco y no me gusta lo que siento, de verdad necesito ayuda.

Han pasado dieciocho meses desde que leí la última carta sentada en el escalón y hoy retomo tu caja para reencontrarnos de nuevo ya desde mi nueva casa. Siento mucho haberte mandado esta carta. Recuerdo ese día con todas las sensaciones espantosas que sentí. Tal vez el peor día, no por la situación en sí, sino por la impotencia que sentía al no poder controlar mi estado nervioso.

Después de todo, no compramos la primera casa que vimos, pero esa dio el banderazo a la búsqueda de la casa a donde nos mudamos hace un año, donde ya no tengo un escalón, ahora tengo una cabaña de madera en medio de un hermoso jardín en donde puedo pintar, escribir o encontrarme contigo. Por fin, hace unos meses pude colocar la sandía que me regalaste el día que nos despedimos la primera vez como símbolo de la alegría que debía acompañarme, el anillo de compromiso conmigo misma que me hiciste prometer usaría cada vez que en mis decisiones me olvidara de mí y la caja con mis cartas sobre un estante junto a todos los libros que han sido compañeros en el viaje que compartí contigo.

Hace unas semanas volví a sentir esas horribles palpitaciones después de 18 años de no sentirlas, qué extraño, no dejan de sorprenderme las coincidencias desde que llegó esta caja a mis manos. Muchos detalles los había olvidado, a pesar de ello, recuerdo bien los acontecimientos. Pero mientras leo y encuentro en mis memorias las múltiples similitudes entre el periodo en que escribí y el que vivo actualmente, me pregunto, como siempre lo hago y como para no dejar de ser yo, ¿por qué?

Roma, Italia, 21 de marzo del 2002

Estamos de nuevo en Roma, pero lo que pasó en Sperlonga fue de las cosas más extrañas que me han sucedido y me siento muy incómoda con el evento. Resulta que después de mi episodio de ansiedad decidí no comentar más con nadie porque no quiero parecer la rara mexicana neurótica que vino a apestarle la fiesta al suegro. Estábamos en casa de la suegra de Giulia cuando sonó el timbre y llegó una amiga suya llorando amargamente y en un estado ansioso fuera de serie. Al verla fue como si me hubieran puesto un espejo frente a la cara donde vi reflejado mi yo veinte años más tarde.

La suegra de Giulia nos miraba con cara de asombro y pena ajena, intentaba tranquilizar a la mujer que no paraba de llorar y pedir ayuda, cuando sonó el teléfono de la casa. Era el esposo de la señora que llamaba buscándola. La suegra de Giulia le hacía señas a la señora indicándole que era su esposo y ella le pedía que no le dijera que estaba ahí. La escena era muy extraña porque, por un lado, la señora pedía ayuda y, por el otro, no quería la ayuda del marido que la buscaba, al parecer, preocupado.

Para no hacerte el cuento largo, la señora paró de llorar una media hora después de que la suegra de Giulia terminara la conversación con el marido en la que este le confesó que estaba cansado de la situación y a punto de pedirle el divorcio a la mujer porque sus incontrolables ataques de ansiedad estaban arruinando su matrimonio y la vida de sus hijos.

¡Tómala! ¿Así o más claro, Darinka?

¡Sí, últimamente la vida no hace otra cosa más que responder a mis plegarias y yo sigo sin querer escuchar!

Al final, la señora llamó al marido y él la fue a recoger, pero cuando se fue, unas dos horas después, todos estábamos agotados por haber hecho hasta lo imposible por tranquilizarla. Con decirte que la suegra de Giulia terminó llevándola a echarse un regaderazo para ver si eso la ayudaba a quitarle la ansiedad y los sofocos de los que se quejaba continuamente.

Hace unas dos semanas, leí en un libro de homeopatía sobre el principio de esta que dice *Similia Similibus Curantur*, que quiere decir: lo semejante se cura con lo semejante, y sí, sí, sí. Quedé en shock después de la experiencia y juro por mi vida que voy a encontrar la manera de no volver a caer en un estado semejante. Me vi reflejada en ella, vi su angustia que era real y la manera en la que su estado arruinaba todo su entorno, pasando por su vida familiar, terminando con su mejor amiga y la familia de esta que estaba reunida por una ocasión especial y terminó atendiendo su emergencia.

No pretendo restar importancia al estado de esa pobre señora que no parecía contenta con lo que le pasaba, pero tampoco noté en ella preocupación alguna por los sentimientos de los demás, no me pareció que le agobiara haber invadido el espacio de su amiga ni preocupar al marido. No seré yo esa clase de persona, nunca me ha gustado ocasionar problemas y mucho menos estar bajo los reflectores de manera negativa. Bueno, positiva tampoco, o sea, nada de reflectores, ¡ja, ja! No sé si por timidez o por prudencia, pero no me gusta ser el centro de atención.

Esta semana empecé a practicar en casa Yoga Kundalini, ¿te acuerdas que tomaba clases cuando vivía allá? Me traje algunos libros y mi mamá me mandó otros, y he leído un poco más sobre las propiedades curativas de los estados mentales y físicos que tiene, así que estoy practicando un poco, aunque la verdad me gustaría encontrar un lugar donde lo enseñen. No solo porque me gustaría tener un maestro, sino también porque quiero conocer gente. Creo que parte de mi problema es esta soledad que, por más que gozo todos los días inmersa en mis libros y mi I Ching que nunca se queja de que hablo demasiado o de que le haga la misma pregunta dos veces, necesito con quien hablar y compartir la vida.

Con Lucca los días se han vuelto de una monotonía surreal que jamás imaginé vivir con una pareja. Ya sé que lo hablamos muchas veces en el consultorio, somos tan iguales, pero a la vez tan distintos. El problema con dos cangrejos viviendo en un mismo espacio es que nadie nos saca del caparazón y cuando no estamos en el caparazón, nos perdemos en la arena, caminamos para lados opuestos o vamos para atrás atascados en nuestra historia.

Ahora que he tenido más tiempo para aprender sobre los astros, entiendo que Mara me dijera que él y yo juntos éramos una bomba de tiempo. Los sucesos antes de la boda ya eran un vaticinio de que las cosas no serían fáciles, quizás ya desde entonces sabía que no habría manera de tener éxito en este matrimonio, pero algo dentro de mí no me dejaba detenerme. No era el temor por echarme para atrás y cancelar, ni siquiera el hecho de que ya había vendido todo y tendría que empezar de nuevo. Era, como lo expuso Mara en esa tirada del tarot con la rueda de la fortuna frente a mí, que ya estaba en el carro del destino y la siguiente parada me esperaba.

Similia Similibus Curantur, mi esposo es mi espejo y, al igual que esta mujer con sus ataques de pánico, me enseñan en quién no quiero convertirme. Ni ataques de pánico ni apatía y encierro en mí misma son mi naturaleza y, por eso, no los acepto. Pero como dice el Hermetismo: Tenemos lo que queremos, porque queremos lo que debe ser. No hay error y yo no estoy en el lugar equivocado, aunque así lo quiera creer. Tengo la absoluta certeza de que estoy aquí para convertirme en una mejor persona y lo voy a conseguir, así tenga que dejar a Lucca y volver a México.

QUERIDA DARINKA

Tenemos lo que queremos, porque queremos lo que debe ser. Hacía mucho que no escuchaba esta frase que pendía dentro de un marco sobre el muro de las escaleras hacia el consultorio de Mara en la antigua casona de la colonia Roma. Cada vez que iba a verla a ella o a Alejandro, el curandero que me encontraba los espíritus chocarreros con sus manos y a base de eructos los extirpaba de mi cuerpo y que fue el primer paso hacia mi sanación de la ciática que padecí por diez años, leía esa frase y la repetía en mi cabeza.

Estoy leyendo esta carta después de regresar de una consulta médica en la que me confirmó el doctor que soy oficialmente menopáusica y que el motivo de mis calores y mis estados ansiosos se deben a la carencia de estrógenos. La protagonista de la escena que describo en esa carta era una mujer de alrededor de la edad que tengo yo ahora, seguramente unos años mayor, pero hoy que la leo, me encantaría poder saber qué fue de ella y su matrimonio en vilo.

Cuando nos vimos la última vez, Darinka, tocaste delicadamente la herida que me llevó a ti. Yo lo tenía todo, de acuerdo con los criterios de los que hablaba antes, pero no, no era feliz, y ya entonces empezaban las hormonas a hacerme jugarretas. Pero lo que me está pasando ahora es de otro nivel que no se limita a un problema de mi cuerpo físico. Sé que el reto es aún mayor y mucho más profundo porque he aprendido que la astrología no es un montón de garabatos que nos leen la suerte, sino una herramienta para crecer y vivir la vida desde el espacio más cercano a nuestra esencia más pura.

Tal vez debería de darte más preámbulos y explicarte a fondo los significados de los planetas y las casas en una carta astral, para explicar lo que te voy a decir ahora, lo haré un día con más tiempo; pero por ahora me aprovecho un poco de que estás conmigo en otro plano porque lo que quiero que sepas es más de fondo que de forma. La luna representa la feminidad, la madre, los ciclos femeninos y bueno, por ende, todo lo que tiene que ver con las hormonas femeninas puede deberse a las influencias planetarias sobre ella.

Para mí confirmación de que los astros son fabulosos y nos ayudan siempre a descifrar los enigmas de la vida, me encuentro con que sobre mi luna transita Saturno, planeta de las limitaciones, los cambios y las grandes lecciones de la vida; y Plutón, representante de la muerte y la resurrección, marcando los dos el fin de un ciclo de menstruaciones y fertilidad. Todo esto está en mi luna que reside en la casa doce, opuesta a la seis donde encontramos la salud de las personas.

Me impresiona la sincronicidad de los eventos, pero a la vez no me sorprende que yo lea la carta en donde presencié el ataque de pánico de la mujer menopáusica justo el día en que me confirman que los estados de ansiedad que están arruinándome la vida en este momento, son debidos a la menopausia que tan claramente designan los astros que no volverán a pisar mi luna, antes de mi muerte. El primero, Saturno, tardará unos treinta años antes de volver a pisar mi luna y el segundo, Plutón, unos doscientos cuarenta y ocho años. Pero, además, también está Mercurio en ese cóctel, ¡el mensajero!, recordándome este evento y llevándome de nuevo a mis cartas.

La astrología me vuela la tapa del cerebro por su precisión y claridad, y justo ahora necesito que me dirija por este camino entre tinieblas que empezó con mi regreso a la Ciudad de México y que tanto se parece a mi llegada a Roma. Mi matrimonio con Ángel no va bien desde hace unos meses. Lo veo poco en la semana y los fines casi siempre estamos rodeados de gente que nos tiene unidos, pero a la vez fungen como una distracción para no estar solos.

Ya desde que te vi estaba en el dilema sobre la decisión que tomé de venirme a la ciudad. A más de dos años de que volví, puedo decirte que, si hay algo de lo que me arrepienta en la vida, es haber cedido a esta decisión. Hace años que sé que las decisiones tomadas desde el miedo siempre se manifiestan equivocadas, a diferencia de aquellas que se toman en la fe de que todo es para nuestro mayor bien. Yo decidí por el miedo que tuve de perderlo, por la inseguridad ante sus largas ausencias y sus repentinas desapariciones los jueves, mismas que siempre habían existido, pero tal vez, como tú bien lo apuntaste cuando me preguntaste si sentía que estaba envejeciendo, sentía que el tiempo y la juventud se me estaban yendo de las manos.

Tomé la decisión por los motivos equivocados y estoy pagando las consecuencias, porque no importa todo lo que tengo, lo que importa es que no soy la persona que quiero ser. Paso los días de mal humor, tengo una casa linda, cuatro perros que adoro, un jardín hermoso y la vista al campo de golf detrás de mi casa me deleita con parvadas de garzas por las tardes, el continuo cantar de los pájaros y verdes pinos en un tercer plano, que añoraba mientras estaba en Querétaro.

Pero lo que buscaba, que era la compañía de Ángel; no lo tengo y esto frecuentemente me llena de amargura. Para él es el momento de crecer profesionalmente, es tiempo de cacería, de buscar el mamut más grande; y está tan ocupado en ello, que no tiene tiempo ni energía para nada más. Yo solo reclamo y me enojo porque no obtengo lo que quiero y esta no es la persona que quiero ser.

Malamente nací siendo una perfeccionista, eterna exigente de la vida que busca en todas las experiencias vivir con intensidad. Digo malamente porque ese afán por lo perfecto me ha provocado mucho dolor, pues nada en la vida es perfecto de acuerdo con lo que las personas imaginamos como tal, y si bien todo se puede mejorar, también es cierto que, a veces, hay que conformarse. Aprender a mirar la imperfección como la manera en que Dios nos exige más, para justamente, convertirnos en la perfecta versión de nosotros mismos a través de las virtudes que crecen cuando nos vemos obligados a enfrentar lo que no nos gusta, buscando aquello que sí deseamos.

Yo no sé pactar por menos de lo que diseñé en mi mente y mi matrimonio no refleja en este momento ese diseño; mi vida en general, no coincide con él. Yo misma no coincido con la persona que, según yo, debería ser a los cuarenta y ocho años. Y toda esta incongruencia, me apaga.

EL DESPERTAR

Roma, Italia, 1 de abril del 2002.

Querida Darinka,

Esta vez te pido que te prepares una taza de café, una cajetilla de cigarros y te sientes para leer lo que tengo que contarte porque si consigo transmitirte lo que me ha sucedido esta semana con la intensidad con la que sucedió, te vas a ir para atrás con esta experiencia extrasensorial que te platicaré.

Mi semana empezó con Lucca trabajando el turno de la noche desde el lunes de la semana pasada, el turno empieza a las diez de la noche y termina a las seis de la mañana del día siguiente, por lo que él salía de casa cuando yo estaba por irme a dormir y volvía poco antes de que yo despertara. Con el afán de dejarlo descansar un poco, yo me fui a dormir más tarde para al día siguiente, no despertarlo al levantarme.

Hace un año encontré en la calle, en uno de esos puestos de libros usados, un libro que se llama "Cierra los ojos e imagina la vida". Es un libro que habla sobre visualización creativa en un tono muy *new age* y explica la importancia de la imaginación para conseguir la vida como la queremos. Para ello, según el libro, es importante empezar por imaginar que aquello que no nos gusta, nos gustara. Así que empieza con un ejercicio que sirve para conseguir este objetivo.

El ejercicio pide al lector visualizarse como una rueda de madera girando sobre diferentes tipos de terreno: terregoso, empedrado, pavimentado, frío, caliente, fangoso y finalmente, sobre un prado suave y tibio. Mientras vas pasando por todos estos terrenos, el ejercicio invita a imaginar la vida como si esta fuera los distintos tipos de terreno, tratando de sentir cómo se vive en cada uno de ellos e imaginando cómo se siente la vida desde el punto de vista de la rueda. Una vez que atravesaste todos los terrenos como si fueras la rueda, el escritor pide imaginar la experiencia esta vez como si fueras el eje que hace girar la rueda, y vuelvas a imaginar los mismos terrenos, las mismas experiencias que utilizaste para ejemplificar cada terreno, pero desde la perspectiva del eje que hace girar la rueda.

¡La perspectiva es tan distinta! ¡Mientras fui la rueda sufría todas las experiencias, el frío, el calor, las piedras, el lodo; todo era doloroso! Pero una vez que me convertí en el eje, el panorama era distinto, no había dolor, solo observación, goce. Como si yo fuera el director que lleva a la rueda justo a donde desea, pero sin sufrir los pormenores de pisar el suelo. Después de ese ejercicio, sugiere pensar en un evento particularmente doloroso de la vida e imaginar "como si" no hubiera sucedido, y crear la escena que pondrías en lugar de ese evento para sustituirla por aquello que te resultó doloroso.

El primer momento que vino a mi mente fue aquél que tan recurrentemente ocupaba mi mente en mis años contigo, cuando tenía ocho años. Inmediatamente, mi memoria me llevó a esa casa de mi infancia y me colocó en los brazos de mi madre, quien amorosamente me decía que no me preocupara, que ella estaba ahí para protegerme y que nosotros seguiríamos siendo la familia que éramos antes de su matrimonio con la persona con la que discutía aquella noche. Me besaba la frente y acariciaba mi cabeza apoyada sobre su pecho. El latido de su corazón me daba paz y me llenaba de calma, ya no tenía miedo.

Me quedé en ese lugar un buen rato; cuando abrí los ojos, las lágrimas rodaban sobre mis mejillas, había nostalgia, pero no había enojo. Me sentí cargada de amor, liviana de dolor y agradecida. Esa noche me fui a dormir tarde y el martes me desperté con ánimos para enfrentar lo que venía. Decidí poner fin a mi matrimonio y darle vuelta a la página para iniciar una nueva etapa. Me sentía decidida a encontrar los medios para dejar a Lucca y volver a empezar. Seguir tratando de revivir a un muerto ya no me parecía divertido, necesitaba salir definitivamente de ese espacio.

En la mañana, aprovechando que Lucca dormía, me fui a la librería a buscar un libro de derecho civil para informarme sobre la manera en que debía proceder para conseguir mi divorcio. Pero cuando entré a la librería, no pude evitar dirigirme a la sección de autoayuda que claramente era lo que más necesitaba en ese momento, según yo. Tú mejor que nadie sabes lo bien que conozco esta sección de las librerías, conozco cada título y podría hacer un resumen a ciegas de todos ellos. Así que seguramente mi inconsciente, cansado de mi ineptitud para entenderlos una vez frente al estante, me obligó a mirar hacia mi izquierda para encontrarme con el letrero de "Yoga y Meditación".

Comencé a hojear algunos libros en busca de respuestas hasta que alcé uno de ellos y leí en la contraportada: "Si estás en uno de esos momentos en los que no sabes hacia dónde ir, si sientes que has perdido el camino, pregunta y encontrarás la respuesta…".

Así lo hice y pregunté: ¿Debo dejar a mi esposo?

Abrí el libro y este mostraba la ilustración de un triángulo púrpura con las siguientes palabras: "No hagas nada, espera un día más".

¡Estoy segura de que, a lo lejos, un gran signo de interrogación se podía ver surgir de mi cabeza! "¿No hagas nada? ¿Espera? ¿Cómo que espera?", me decía a mí misma. No me podía ir con esa duda, ¿estás de acuerdo? Así que de nuevo miré hacia arriba, como lo hago seguido últimamente pidiendo iluminación divina, y entonces vi el letrero "Esoterismo", y pues para allá fui, Dari. En algún lugar tenía que encontrar una respuesta que me dejara salir de ese lugar en paz, ¿no?

Me acordé mientras estaba frente a este otro estante, que en agosto del año pasado y en la última tirada de tarot que hice, me habían salido dos cartas iguales, El Sol de cabeza y La torre; entonces tomé unos cuantos libros sobre el tarot y me fui a sentar para buscar su significado. Muchos libros que hablan sobre el tema son pura faramalla, interpretaciones que le dan mucha importancia a la adivinación y poca al crecimiento interno que finalmente es lo más valioso de esta herramienta, así que tuve que leer algunos libros para no llevarme algo inútil y mejor compré lo que me pareció importante para leerlo con calma en casa.

Ya habían pasado algunas horas y Lucca estaba por despertar, así que me fui a la caja a pagar y en el camino me encontré un rompecabezas que compré como terapia para ayudarme a pasar el tiempo en silencio el resto de la semana y a unir las piezas de toda esta información que me llegaba en código y me dificultaba su interpretación. Obviamente, ya no busqué el libro de derecho, supongo que no es lo más importante justo ahora.

Al llegar a casa, puse los libros sobre la mesa, me asomé a la recámara y vi que Lucca aún dormía, así que me dispuse a sentarme a leer mis libros nuevos y buscar al Sol y a La torre. Pero otra vez por no sé qué suerte, en lugar de abrir esos libros, fui a mi librero y, al ojearlo, me detuve en un libro que también compré hace un año cuando estaba en casa de mis suegros, el cual habla sobre chakras.

Estoy segura que sabrás de lo que hablo, pero por si acaso no fuera así, por lo que he entendido, los Chakras son siete puntos energéticos que se encuentran a lo largo del cuerpo y cada uno corresponde a distintas partes del sistema nervioso o incluso, de órganos del cuerpo. Su funcionamiento interviene en estados físicos y emocionales de los seres vivos (también los animales tienen chakras, dicen). Y su mal funcionamiento o la falta de energía en ellos provocan enfermedades físicas o trastornos mentales, inclusive. Todos están conectados y se relacionan entre sí, tipo una serie de luces navideñas: si uno se funde, los demás no prenden.

Me senté y comencé a hojearlo para detenerme por azar y leer esto:

El Chakra del Plexo Solar:

Posición: justo debajo del esternón y se extiende hasta el ombligo.

Palabras clave: lógica, razón, opinión, asimilación, intuición psíquica.

Edad de desarrollo: de los ocho a los doce años.

Colores: amarillo, oro, rosa.

Elemento: fuego.

Sentido: vista.

Cuerpo: astral.

Conexión glandular: adrenalina.

Fragancias calmantes: rosa, vetivert.

Fragancias estimulantes: bergamota e Ylang Ylang.

Cristales o gemas: cuarzo rosa, pirita ferrosa, topacio, malaquita, apatita.

Oración o afirmación: a través del don del fuego, deja que la razón, la opinión y la asimilación se unan verdaderamente a la inspiración, de tal manera que puedas no estar atado a limitaciones o separaciones.

Dirás, ¿y todo esto qué tiene que ver? Pues mi interpretación es que el elemento clave es el fuego al igual que El Sol de mi carta, la edad de desarrollo son los ocho años, la misma edad en la que me situé anoche en mi visualización y la afirmación que invita a NO estar atados a limitaciones o separaciones que es justo lo que significa La torre del tarot, que rompas con las limitaciones y la rigidez que simboliza La torre.

Tuve dudas al principio y poco a poco fui atando cabos. Toda mi vida pasó frente a mis ojos cuando entendí que en el chakra del plexo solar se desarrolla el ego y la conciencia de uno mismo, y este se desarrolla justo a la edad en la que yo tuve esa experiencia que marcó mi personalidad generando en mí un fuego incontrolable que continuamente me metía en problemas con mis opiniones y mi razón, que todo lo quiere explicar desde una lógica que no siempre existe. Me hice grande antes de tiempo y como un mecanismo de defensa, generé esa personalidad para protegerme. A la edad de ocho años tuve la experiencia de sentirme separada, apartada de lo que hasta entonces me proporcionaba seguridad y certeza.

Darinka, cuando leí esto y lo entendí como te lo platico, fue como si hace años me hubieran desahuciado por una extraña enfermedad y, de pronto, me llamaran para decirme que mi enfermedad tiene nombre y que están cerca de encontrar la cura. Tal vez te parezca sorprendente que te escriba todo esto después de tantos años en terapia, pero ya lo ves, el chakra del plexo solar domina el sentido de la vista, y claramente mi fuego me cegó. Creía que debía cargar por siempre con este dolor y ahora siento que se está quedando atrás. Me empiezo a sentir como el eje de la rueda, sin dolor, observante. Soy parte de la rueda pero a la vez, no soy ella.

Todos los chakras son importantes, el desarrollo adecuado de cada uno de ellos interviene en los demás, son interactivos e inseparables. Si falta el equilibrio en uno de ellos, los otros protestan y se desequilibran también, son como un engranaje en la cadena de una bici. El chakra del plexo solar está muy relacionado con el de la frente que es su complemento y una de sus palabras claves es la inspiración, a la cual se le deben unir la razón, la opinión y la asimilación, con el fin de no atarnos a limitaciones y separaciones, de acuerdo con la afirmación que cité arriba.

El exceso de fuego en mi centro y la falta de luz en mi frente no me han dejado darle un sentido a mi vida. Durante muchos años he estado perdida porque mi inspiración ha vivido apagada y mi razón sobre encendida.

¿Te estás riendo de mí?

No, no te falta razón, me lo merezco. Bueno, más vale tarde que nunca, ¿no? Pude morir sin entender y aquí estoy, como el querido Saltamontes, siguiendo los acertijos que solo Dios sabe de dónde vienen y a dónde me quieren llevar.

¡Pero espérate!, porque apenas te he contado dos de los siete días fascinantes que acabo de vivir.

El miércoles 27 desperté en algún momento de la madrugada recordando un sueño que acababa de tener; en él aparecía una mujer que conozco que está embarazada actualmente. Se mostraba muy cansada, caminaba sin fuerza, casi a punto de desfallecer, y mientras yo trataba de recordar el sueño, empecé a dormitar hasta que entré en un espacio muy distinto al sueño. No estaba ni dormida ni despierta, no sé ni siquiera cómo explicarlo.

El caso es que de pronto vino a mi mente una imagen de mi abuela que se mezclaba con la imagen de la mujer embarazada, ambas sufrían y ambas querían salir hacia el espacio donde yo me encontraba. Las imágenes no eran en un mismo espacio, eran paralelas, pero ambas eran distantes al lugar al que yo pertenecía. Mi abuela caminaba hacia mí como si quisiera salir sin conseguirlo.

En la imagen de mi abuela, yo me acercaba a ella y, de pronto, en la escena aparecía mi madre de niña. Mientras más se acercaba mi mamá a ella, más rejuvenecía mi abuela hasta que la alcanzó y la abrazó sonriendo. En ese mismo momento, cuando mi abuela abrazaba a mi madre, apareció en la escena mi bisabuela siendo una anciana y las abrazó a ambas mientras yo miraba a lo lejos, acercándome poco a poco hasta alcanzarlas y unirme a este abrazo en femenino de cuatro generaciones. Reíamos y girábamos en círculo cuando de pronto, yo salí de este. El círculo se cerró, desapareciendo todos de la escena quedando en ella solo un aro de luz.

En la imagen paralela, la mujer embarazada sufría y pedía ayuda. Su esposo y su hijo mayor se acercaron a ella abrazándola y tranquilizándola con palabras amorosas hasta que desaparecieron ellos también.

Yo no estaba dormida Darinka, pero tampoco estaba despierta. Nunca me había pasado algo así y cuando desperté lloraba intensamente, sin entender la razón. Al principio, llegué a pensar que mi abuela había muerto, hasta que pude llamar a mi mamá quien me confirmó que mi abuela estaba bien, pero que había pasado una mala noche. Estuve inquieta todo el día, con mucha ansiedad porque no estoy familiarizada con estas experiencias y no sé bien dónde ponerlas.

En la noche cuando Lucca se fue, hice una visualización que sirve para entrar en contacto con mi chakra del plexo solar y, al final de la meditación, lo dibujé. Estaba completamente apagado, cansado y sin energía, parecía una flor marchita. En la visualización el fuego está controlado, hay piedras que lo contienen en torno a él; si este fuego se descontrola, incendia todo a su alrededor. Ese fuego es el ego, mientras se mantiene en control, es iluminación, pero cuando pierde el control, es destructor, termina con todo lo que lo rodea. Mi chakra del plexo solar estaba sin energía porque el fuego no es infinito, pero es eterno mientras se alimenta y se contiene.

Cuando me fui a acostar, solo pedía iluminación, pedía guía, pedía control a ese fuego que quería reencenderse, pero que necesitaba hacerlo de manera contenida para no llevarme a un fin peor. Necesitaba poner mi rabia en su lugar y encontrar la mejor manera de dar el siguiente paso. Necesitaba esperar.

Desde que estoy en Italia no hago más que usar mi lógica, mi razón, mi opinión. Mi fuego ha quemado todas las relaciones que podría haber formado porque no paro de hacer juicios respecto a todo: lo que oigo, lo que observo, la manera en que me quieren, las palabras que me dicen. ¡Juzgo la manera de vivir, la manera de relacionarse, la manera de comer, el agua que beben y hasta cómo utilizan las manos para hablar! No he parado de racionalizar cada movimiento, no fluyo, no me suelto, no acepto y esto es lo que ha extinguido mi fuego. Mi ego se ha dormido bajo las cenizas de mi razón, por eso ya no brillo, mi luz se apagó.

Me siento mal conmigo misma al darme cuenta de la manera en que soy responsable por todo lo que me está pasando, Darinka. Soy el eje que hace girar la rueda y he vivido por mucho tiempo como si fuera la rueda, sufriendo y culpando a la injusta vida por todo lo que me pasa, en lugar de hacerme cargo.

No he sabido contener mi ego que se empeña en ser quien era antes de venir aquí, sin darse cuenta de que esta es la oportunidad que esperaba para convertirse en la mejor versión de sí mismo. La oportunidad para cambiar su historia, resurgir de las cenizas brillando y llenando el mundo con su luz.

La torre me grita ¡rompe!, y yo sigo ensordecida por mis palabras.

El jueves 28 pasé de nuevo por un estado de conciencia extraño apenas me desperté. Ahora vi un hueco enorme en medio de la nada de donde emergía una torre gigante que estaba a punto de caer. De pronto, empezó a bambolearse de un lado a otro hasta que empezaron a caer trozos de ella. En ese momento aparecí yo en la escena y empecé a empujarla con fuerza hasta que cayeron todos los trozos que quedaban. Yo pisoteaba los restos hasta que quedaron añicos en el suelo, empujaba con desesperación los restos hacia el hoyo y los cubría con tierra hasta que conseguí dejar el terreno limpio completamente. Me detuve por unos instantes y algo me hizo empezar a cavar un hoyo de nuevo en el lugar de donde había surgido la torre; no había nada en ese hoyo, solo tierra. Entonces cavé profundo y cuando terminé, había árboles a mi alrededor. Entre los árboles había una palmera que tomé con ambos brazos y al hacerlo dije: esta, para que sea flexible y resistente.

Cuando terminé de plantarla, antes de abrir los ojos, en la imagen pasaron vientos fuertes y tormentas, y la palmera solo se doblaba, pero no se rompía. Finalmente, abrí los ojos y mi abdomen estaba adolorido, como si el día anterior hubiera hecho mil abdominales, estaba cansada, pero a la vez me sentía aliviada.

De nuevo este estado semi despierta, Darinka, ¿qué será? ¿Sueños astrales?

Ese día me dediqué a armar mi rompecabezas que es la foto de una casa en medio de las montañas junto a un lago. Lo armé con una velocidad y una agilidad que ni yo sabía que tenía. Mientras unía las piezas, recordé que Mara me decía siempre que cuando estuviera en un problema, le pidiera sabiduría a mi mago interior, así que eso hice mientras lo armaba.

En la noche me puse a analizar mi tirada de cartas de agosto en la que aparecían estas cartas:

Imagen Interior: La justicia de cabeza reflejando mi miedo, mi inseguridad, mi sensación de injusticia, la conciencia que reclama reestablecer el equilibrio.

Mente: La Muerte de cabeza que me habla del fin de una situación, de mi imposibilidad para adaptarme a los cambios, pesimismo, pasividad. Destrucción que limpia, purifica y construye. Momento de crisis, trauma, desequilibrio. El ser enfrentada a mi destino y a mi propia muerte en sentido figurado. Renacimiento entendido como liberación de ataduras.

Afectos y sentimientos (familia, pareja, amigos): La sacerdotisa. Ayuda de una mujer sabia e inspirada, intuición, sabiduría oculta. Un amor sincero, pero sin pasión, su intención es la de crear un hogar.

Futuro inmediato: La fuerza. La falta de control de mis impulsos y de cabeza para resolver los imprevistos trae como consecuencia dificultades. Capacidad de transformar las cosas difíciles en favorables.

Personas que influyen sobre mí o sobre las cuales influyo: La templanza. Me exhorta a ser tolerante y ver la realidad también en función del prójimo. Armonía y optimismo, buscar el equilibrio y la armonía a través de la diplomacia, el temperamento pacífico, la transmutación de lo negativo en positivo. Por otro lado, indica una relación madura y continuativa, rica de valores fundamentales y vitales para una vida serena y armoniosa.

Contexto en el que se vive: El mundo. Plenitud, libertad y encuentro conmigo misma. Prevalencia de lo espiritual sobre lo material. Un nuevo ciclo de vida en el que se ha comprendido que el juego de la existencia tiene origen en uno mismo. Lo que puede impedir que lo disfrute es la parte que tiene que ver con inmadurez, descontento, exceso de perfeccionismo. El contexto en el que vivo puede ser de armonía con el alma del universo o de aislamiento absoluto con la idealización de lo que no existe en mi contexto, es decir, no aterrizando nunca.

Sucesos futuros como consecuencia de acciones presentes: La estrella. Sensibilidad y espiritualidad, intuición, inspiración, creatividad. Una personalidad que destaque por sus cualidades humanas, podrás realmente ser guía, consejera de otras personas sin necesidad de imponerte como ejemplo. La estrella coloca al individuo en el momento de la evolución personal en el que el alma se manifiesta más allá de la máscara exterior creada por el Yo, percibiendo por primera vez, la lección de la verdad interior. Representa la fe e indica una profunda sensibilidad e intuición. Manifiesta una gran sensibilidad que abre el corazón a la experiencia del amor universal. Ayuda a disfrutar de la felicidad compartida, dando candor, sinceridad y franqueza.

Futuro remoto: El mago. Una iniciativa que dará frutos en el futuro. Comienza el proceso de formación, sigue el camino hacia la propia destinación final. Tomo conciencia del Yo. Simboliza la habilidad y la capacidad de resolver los problemas. Versatilidad, comunicación, creatividad, voluntad, autoestima, dominio de los elementos.

Imprevistos o sucesos que obstaculizan el desarrollo de las cartas anteriores: El Sol de cabeza. Me comporto cerrada y poco franca, me cuesta expresar y comunicar, estoy constreñida. Colaboro con esta situación soportando mal la soledad, estando centrada en mí misma, con pobre escucha. Hablando de mí misma indiscriminadamente, denotando carencia afectiva. En un círculo vicioso, yo me siento sola y los demás se cierran a mis demandas. Cuando Yo cambio, los demás responden. Si yo me comporto abierta, franca, sin luchar por obtener el poder, vital, clara en mis ideas, segura y feliz, la verdad resplandecerá, el sol brillará.

Esta es la primera vez que me enfrento al tarot y su infinita sabiduría yo sola, sin ayuda de Mara para interpretar una tirada. No puedo dejar de asombrarme por lo atinado de las palabras y la claridad para hacerme entender el momento que estoy viviendo. No me explico cómo he pasado más de seis meses revolcándome en mi sufrimiento sin entender lo que tan claro está escrito aquí; no solo me pintó a mi perfectamente, dibujó con claridad la situación y, por si fuera poco, me dio una respuesta y yo sigo aquí revolcándome como gusano con sal buscando resolver mi vida.

Sin duda, mi plexo solar estaba echando tanto humo que no me dejaba ver nada, Darinka. Me limité a ver lo que quise sin profundizar, sin mirar a mi alrededor. ¡Y peor aún, yo insistía en que ese Sol de cabeza era Lucca con su depresión!

Pues no cabe duda de que no hay peor ciego que el que no quiere ver, y yo ahora sí me pasé de lanza, Dari. ¿Cómo no lo vi antes?

Y para rematar esa noche, fui a ver la última tirada de I Ching que dejé abandonada porque no la entendí cuando le pregunté si debía dejar a Lucca:

H-Syen. La tensión: Este hexagrama describe la situación en términos de la influencia que las partes separadas de un todo tienen sobre cada uno. Enfatiza que, llevando estas partes a un contacto, es la forma de manejar la situación.

La relación con el prójimo y con lo material: tú sola tienes la posibilidad de actuar, por lo tanto, tienes todo el poder. Pero tu acción deberá consistir en subordinarte a ti misma y tu poder de acción a las necesidades de quien no puede accionar. Si los motivos implícitos detrás de tu actitud altruista están determinados por un deseo voluntarioso de alcanzar una mejor posición, entonces surgirán problemas y conflictos.

La relación amorosa o afectiva: el pasivo se somete al activo. Al mismo tiempo el activo subordina su actividad al pasivo. Este es el contrato fundamental, primario entre hombre y mujer. La familia fue la primera unidad social. El hombre podía vivir solo, cazar solo, cantar solo y morir solo... Pero no podía reproducirse solo. La unión sexual implicaba una subyugación recíproca a un ideal común... la unión sexual misma. El hombre es responsable de la inacción de la mujer y de su desinterés; la mujer es responsable de la inacción del hombre y de su desinterés.

En la sociedad actual, el hombre y la mujer se han descargado el uno en el otro las responsabilidades. Esto puede continuar a través de muchas fases e intercambios de cortesías empañados por varios ideales recíprocamente aceptados de relación social, hasta que uno de los dos pierde la brújula y se ahoga en la confusión más absoluta. Quien quiera de los dos que se encuentre primero en esta situación, pierde total interés en el otro por no haber tomado la determinación en el momento justo.

Deben decidir juntos en qué circunstancias tomar la iniciativa y cuándo cederla al otro. Cuando tú tomes la decisión, debes abolir toda la ansiedad sobre tu responsabilidad por el producto de tu acción (ansiedad creada por la estructura empírica de nuestra sociedad) y aceptar la responsabilidad, no por el resultado (que no es preordenado y no puede ser previsto) sino por la acción misma en el momento en el cual la asumes. Debes confiar en la tarea tomada por ti y el otro, así como los antiguos chinos daban confianza explícita a su tradición ordenada e indiscutible de las relaciones familiares.

El sendero espiritual: debes subordinar tu vida a prácticas espirituales. Abusas de las revelaciones espirituales que has tenido. Las usas para confortarte, para adquirir poder o por amor sin permitirles influenciarte profundamente, sin permitir que te cambien. Para unirte al todo en iluminación, debes darte a ti mismo en toda tu acción humana de decisión, de voluntad y deseo, así como aceptar los dones divinos de libertad, creatividad, aceptación y alegría.

Línea de cambio: ninguna culpa. Tienes el poder de actuar. Tienes una fuente de voluntad. Tu voluntad une a todos, tus acciones son aceptadas por todos. Tu poder es legítimo.

Y después de esto, viene el hexagrama del cambio, es decir, las acciones que debería emprender para cambiar esta condición:

ZHAOU-KWO. Lo pequeño en exceso. El hombre superior es reservado, expresa su dolor y practica frugalidad. Progreso. Persevera en tu dirección. Emprende solo pequeñas tareas. Muy favorable.

La relación con el prójimo y con lo material: el pájaro es una criatura terrena; sobre sus alas, es solo un visitador en el cielo. Aun cuando planea, el pájaro pertenece a la tierra, se conecta con la tierra, donde busca su santuario. Ocupas una posición social elevada, tienes ciertos honores, ciertas responsabilidades importantes, mientras que, de hecho, no eres adecuada para esa posición. Puedes considerarte realmente afortunada. Actúa con cautela, no emprendas grandes cosas. No intentes otras mejoras. No trates de sacar más ventajas de tu suerte. Puedes ser feliz y tener éxito en tentativas menores. Mantén una actitud común, cotidiana, como lo indica el oráculo. Puedes encontrar el éxito en pequeñas cosas con una actitud reservada en lugar de una actitud reformista. Cuando es eso lo que de ti se espera, expresa dolor en lugar de piedad o fatalismo, practica frugalidad en lugar de extravagancia o caridad. No permitas que la altura de tu posición te embriague. Conserva tu propia medida. Sé tú misma.

La relación amorosa o afectiva: el compromiso del otro en la relación es más profundo que el tuyo. No hay en esto nada injusto e inhumano, el amor no es una transacción comercial que te obligue a amar tanto cuanto te aman. En tanto no te abrumen falsas ideas o sentimientos de culpa, la relación puede ser armoniosa. Si reconoces tus limitaciones y expresas tus sentimientos de manera genuina, no habrá engaño. Él te ama tal cual eres. Fingir emociones solo causaría confusión y conflicto.

El sendero espiritual: tienes un don natural por la trascendencia. Como médium, sanador o vidente, tienes la habilidad innata, espontánea de estrechar una unión íntima, absoluta del uno con el todo. Hay algo dentro de ti que supera los límites de tu mente y trasciende las uniones de tu cuerpo, pasando a través de la barrera de tu propio karma. Esta no es tu realización, es un don. Más allá de este don, no has emprendido una práctica espiritual. No te preocupa resolver los dilemas con revelaciones. No te dediques a la ejecución de rituales incesantes hasta que su absurdez no traiga más iluminación. Ni siquiera te has abandonado nunca al destino. Y aún eres bendecida por una voz espiritual bellísima y caritativa, que no deriva de tu comprensión, o pasa a través de tu conciencia. Esto es "muy propicio". Pero recuerda Casandra. El peligro: el orgullo, la vanidad.

Darinka, cuando terminé de leer esto no supe si llorar, agradecer o enojarme conmigo misma por no haberlo entendido antes. Todo era tan claro y tuvieron que pasar nueve meses para que yo pudiera comprender los mensajes que yo misma buscaba a través de estas herramientas. Estuve muy angustiada porque no veía la salida del túnel y el botón para encender la luz estaba justo al alcance de mi mano. Bastaba que mi ego se sentara un momento con intención de comprender los mensajes que el subconsciente le enviaba; pero su lenguaje es tan distinto, son códigos que no siempre son claros y a veces son casi imperceptibles a los sentidos.

Esa noche Dari, hubo un silencio poco usual. Yo llevaba tres días encerrada en casa y a media luz porque durante el día, Lucca dormía y yo andaba de puntillas y con las persianas cerradas para no molestarlo. Luego, llegada la noche, todo se quedaba igual; y para ese punto de la semana, a mí me daba lo mismo si eran las ocho de la mañana o las once de la noche. Pero el ambiente era diferente al de las noches anteriores, así que me dirigí a la ventana para mirar la luna y, al abrirla, cuál fue mi sorpresa que empecé a escuchar la llegada de la procesión que organiza la iglesia del barrio para conmemorar el viacrucis.

La piel se me erizó de pies a cabeza cuando descubrí que era Jueves Santo. La semana fue tan intensa, llena de revelaciones, y últimamente estoy tan absorta de mis pensamientos que no sé ni en qué día vivo.

Las señales de una inminente necesidad de renacimiento son de una claridad tan contundente que solo un ciego no las vería. Mi enfermedad tiene cura y se llama renacimiento.

El viernes 29 soñé con un amigo que tuvo un fatal accidente que lo dejó parapléjico hace algunos años. En mi sueño lo veía sentado en su silla de ruedas besando sus piernas, ante eso yo le preguntaba por qué lo hacía y él me respondía: Porque besando lo que más me duele, lo acepto y así vivo en paz.

Ese día sentí una paz fuera de serie, Dari, una paz que no conocía, que nunca pisé antes. Me sentía aliviada, no tenía dolor ni enojo alguno. Lucca dormía y yo solo me fui a la mesa del comedor a seguir uniendo las piezas del rompecabezas que cada día adquiría mayor significado por ser el espacio en el que sucedía la meditación posterior a cada uno de mis descubrimientos.

Cuando Lucca se despertó y se fue después de comer a las diez de la noche, me puse a limpiar la casa, quería dejarme libre el día siguiente para no hacer nada, quería descansar, así que limpié y me fui a dormir.

El sábado 30 desperté por la tarde, ya casi tenía el mismo ritmo de Lucca, dormía durante el día hasta las cuatro de la tarde y estaba despierta durante la noche; desde que desperté, me dediqué a mi rompecabezas. Cuando me senté, decidí que terminaría de armar primero la cabaña que era la parte a la que le faltaban más piezas; imaginaba que era mi casa, sencilla, cálida, acogedora pero muy simple en el exterior.

Después hice el prado que la rodea, es un prado natural, no ha sido tocado por el hombre, solo hay unas pequeñas flores silvestres a su alrededor, como si el invierno estuviera terminando, algunas partes se han secado por la nieve que aún se ve en las montañas que rodean la casa. Luego seguí con los árboles a la orilla del lago, no son muy frondosos porque el invierno aún no ha terminado, lo que permite el paso del sol a la casa, supongo que en primavera reverdecerán y en verano protegerán a la casa del sol. Finalmente, seguí con las montañas que no había aún comenzado, pero mi objetivo ese día era llegar al cielo.

Era tarde, casi las doce y me vino muy fuerte el deseo de encender una vela, así que me levanté por ella, la encendí y unos minutos más tarde, comenzaron a sonar las campanas de la iglesia. No pude evitar arrodillarme mientras rodaban por mis mejillas lágrimas de agradecimiento, de amor, de sorpresa. No tenía una emoción clara, nunca sentí algo semejante, Darinka. En los años que tengo de vida, he pasado momentos difíciles, tristes y dolorosos; siempre he sabido que hay un Dios que me protege, que me guía y me ayuda en los momentos en los que yo ya no sé cómo responder. Pero esta vez era distinto, en mi llanto no había sentimiento alguno, solo un gozo profundo que no tenía explicación y no era sujeto de interpretación.

Estuve arrodillada por varios minutos, no sé cuántos. Agradecí a Dios miles de veces, solo podía llorar y decir: Gracias, gracias, gracias. Cuando me levanté, quise continuar con el cielo, pero me venció el cansancio y me detuve pensando que al día siguiente iría a misa y comulgaría. Sí, Darinka, como lo oyes; me vino un deseo inmenso de recibir el cuerpo de Cristo por primera vez en mi vida. Necesitaba hacer algo que marcara esta semana en la que tanto me ha sido revelado. Me sentía agradecida y quería hacer algo que mostrara mi agradecimiento. No se me ocurrió otra manera.

Ayer, domingo 31 de marzo estaba exhausta; entre mi horario tan desfasado y tantas revelaciones, yo ya lo único que quería era celebrar mi ritual en la misa y descansar. Curiosamente, ayer no tuve ningún pensamiento relacionado con mi bañera, solo me metí y me bañé delicioso. No creo haber disfrutado tanto un baño como el de ayer desde que llegué a Roma.

Cuando salí, me preparé un té y fui a buscar mis libros con la intención de leer sobre la Semana Santa, pero me topé con los evangelios y como hacía siempre, los abrí sin pensar y leí lo primero que encontré:

San Lucas 8, 4-13. Parábola del sembrador. Con ocasión de un gran concurso de gente, que habían acudido a él de todas las ciudades, les dijo empleando una parábola: salió un sembrador a sembrar su simiente; y, según iba sembrando, una parte cayó en el camino donde fue pisada y comida por las aves del cielo. Otra parte cayó sobre roca; y, apenas nacida, se secó por falta de humedad. Otra cayó entre espinos, crecieron estos al mismo tiempo y la ahogaron. Y otra cayó en tierra buena; y, después que creció, produjo el ciento por uno. El que tenga entendimiento que discurra.

Razón por la que Jesús habla en parábolas. Como le preguntasen luego los discípulos qué quería decir aquella parábola, les confesó: "A vosotros ha concedido Dios conocer los misterios del reino de Dios; pero a los demás se propone en parábolas, de forma que, viendo, no vean, y oyendo, no entiendan".

Jesús explica la parábola del sembrador. Este es el sentido de la parábola: la semilla es la palabra de Dios. Los que están en el camino son los que la han escuchado; pero viene luego el diablo y arrebata de su corazón la palabra para que no crean y se salven. Los que sobre la roca son aquellos que, oída la palabra, la acogen con alegría, pero no tienen raíces. Creen por algún tiempo; pero, cuando viene la tentación, sucumben. Lo que cayó entre espinos son aquellos que, después de haberla escuchado, viven ahogados por las preocupaciones, riquezas y placeres de la vida y no dan fruto. Finalmente, lo que se sembró en tierra buena son aquellos que con un corazón noble y generoso escuchan y retienen la palabra; y dan fruto con constancia.

Mi agradecimiento es infinito, Darinka; no creo tener que explicarte que todos los vellos de mi cuerpo eran antenas cuando leí este pasaje. Por no entrar de nuevo en temas del ego, no te digo que me siento una elegida, pero sí, justo me siento como si esta semana, por fin a Dios le llegó mi señal de auxilio y se dedicó a atender mis plegarias. En la tarde fui a misa de siete en la que el padre, además de mencionar el significado de la Semana Santa y la misa dominical, mencionó el significado del cirio pascual que se encendió ayer a la media noche.

Tú sabes bien que todo esto no es familiar para mí, que yo de la iglesia no sé nada y que los rituales no son parte de mi vida salvo que sean los que me mandó la bruja aquella a la que consulté cuando terminé con ya sabes quién y moría por que volviera. Haber encendido esa vela la noche del sábado justo al momento en que se encendía el cirio pascual, fue la casualidad más grande. Una conexión sin precedente que para mí representa la señal de que nunca debo olvidar que siempre se puede renacer, pero para ello, hay que morir.

Tenía un gran deseo de encontrarme con esta carta. La Semana Santa del 2002 fue el inicio de un largo camino de experiencias profundamente espirituales. Leí esta carta entre sorpresa y familiaridad. Esto último porque todos los detalles de aquellos días los llevo tatuados en la memoria, esos sueños astrales los tuve algunas veces después, pero ninguno fue tan vívido como los que tuve esa semana. Ahora hablo de ellos con su nombre porque pasaron tantas veces que tuve que dedicar tiempo a investigar lo que era hasta que di con una persona en Nueva York que entendía de esto y pudo explicarme lo que me ocurría. La sorpresa porque lo que leo bien podría ser una lectura que hice anoche, una tirada que ayer por la tarde quiso darme respuesta a mi situación actual. Te contaba después de leer la última carta, que las cosas no son como yo quisiera y pues ya el I Ching se encargó de explicarme por qué.

"...Cuando tu debes tomar la decisión, debes abolir toda la ansiedad sobre la responsabilidad por el producto de tu acción (ansiedad creada por la estructura empírica de nuestra sociedad) y aceptar la responsabilidad, no por el resultado (que no es preordenado y no puede ser previsto), sino por la acción misma en el momento en el cual la asumes..."

Mi necesidad de tener las cosas bajo control me volvió a boicotear y una vez más estoy entrampada entre las opiniones de mi ego y su necesidad de tener la razón. No sé si un día entenderé que solo puedo controlar lo que hago, pero jamás los resultados de mis acciones y cuando en los resultados están involucradas otras personas, ¡menos! No hablemos del tercer chakra y el no apego a las separaciones o limitaciones. Todo lo que está pasando es solo un reflejo, una proyección de mí misma y todavía insisto en que el responsable es Ángel. Y es que todavía me resulta difícil entender, después de tantos años, la manera en la que el universo trabaja para servirme. Me olvido de que soy el eje y no la maltratada rueda.

La vida sucede para mi beneficio y crecimiento, aunque a veces parezca mi peor enemigo poniéndome el pie esperando reír por mi tropiezo. Este principio es fundamental y claro, pero el ego me ciega con la humareda que provoca cuando se está apagando su fuego y no veo cómo soy yo misma, quien con sus actos y actitudes se arruina la vida. Otra vez dejé de fluir. La rabia, por no conseguir lo que deseo, ha dejado crecer el fuego al punto en que ha salido de control y ha comenzado a apagarse naturalmente, señal de que ha llegado de nuevo el momento de morir, de cambiar de piel para dar inicio a un nuevo ciclo.

Las señales están por todos lados, me lo dicen los astros pasando sobre mi luna, Plutón y Saturno acercándose a mi ascendente, ese punto en el cosmos donde se integran todos los aspectos que crean mi personalidad y donde inicia el camino del mapa de mi vida. Cuando Plutón, el planeta de la muerte y la resurrección pase por mi ascendente, deberán morir todos esos aspectos de mi personalidad que ya no son necesarios para mi futuro. Ya mis emociones empiezan a cambiar a consecuencia de la menopausia, marcada por estos planetas que me piden cambio, madurez, aceptación a esta nueva etapa de mi vida. Darinka, tenías razón, tengo miedo de envejecer porque no estoy lista para morir, no porque tenga miedo de la muerte, sino porque justo ahora mi vida no representa la vida que quiero dejar.

No he trabajado tanto por acercarme a la mejor versión de mí misma, para irme hecha un manojo de nervios, enojada con la vida y en un estado de ansiedad continuo. Mi cuerpo físico apenas responde al estímulo de la luz del sol, despierto por las mañanas tan cansada, que solo cuento las horas para volver a la cama a donde llego por las noches para mirar el techo por horas sin poder pegar un ojo.

Hace dieciséis años que escribí esa carta apenas comprendía los conceptos que te describí, la variedad de herramientas que reuní a lo largo de estos años y que fueron cada una el eslabón de la cadena que me sacó del hoyo en el que me hundí para poder comprender que no hay dolor que venga en vano, no hay plegaria que no tenga respuesta ni problema sin solución. Hoy es la cadena con la cual me sostengo para no caer de nuevo en ese espacio obscuro.

Todos los días suplico porque mis manos sean lo suficientemente fuertes para sostenerme de ella, porque mi mente no se pierda en la ansiedad como lo hizo hace años y que se mantenga lúcida para recordar dónde están los recursos que me salvaron entonces. Pero a veces no recuerdo ni siquiera lo que comí por la mañana, si me lavé los dientes o no, vaya, no recuerdo a dónde iba cuando me alzo de mi asiento decidida a ir por algo que unos segundos después, ya olvidé.

Tengo la cabeza dentro de un banco de niebla que me incapacita a dar el próximo paso. Me siento continuamente insegura sobre mis decisiones y no siento que haya quien entienda mi condición. He visto neurólogos, ginecólogos, psicólogos y todos coinciden en que debería tomar ansiolíticos. ¡Ansiolíticos! ¿Veinte años de yoga y meditación para pasar la menopausia a fuerza de ansiolíticos? No creo.

Ángel está siempre de mal humor, grita, se molesta por todo, no escucha, nunca se detiene. Parece que le hubieran puesto una nueva batería y le hubieran dado cuerda. No me ve, no me escucha; simplemente soy el zumbido en su oído que quisiera acabar de un manotazo. No parece reconocer todo lo que hemos conseguido juntos, no parece ver que el lugar donde estamos hoy corresponde a mi visión, al impulso continuo que he sido para su éxito sumado a su esfuerzo, su trabajo y su dedicación. Parece que todo a su alrededor desapareciera cada vez que se me acerca y solo pudiera ver el reflejo de su persona, subido sobre un pedestal.

Estoy enojada y creo que el problema principal es que no sé hacia dónde canalizar este enojo.

"El hombre es responsable de la inacción de la mujer y de su desinterés; la mujer es responsable de la inacción del hombre y de su desinterés…".

Me lo repitió el I Ching; somos ambos responsables de la incapacidad de interesarnos el uno por el otro, pero de alguna manera parece que fuera responsable solo yo de mantener este barco a flote, y justo ahora las cadenas con las que estuvo atado están sosteniendo mis manos para no permitir que me hunda.

Roma, Italia, 16 de abril del 2002.

Los días han pasado mucho más serenos que las semanas anteriores, aún sigo procesando todo lo que ocurrió en Semana Santa, pero ya no tengo duda, no quiero seguir en este matrimonio y solo le pido a Dios que me dé tiempo para unir las piezas que me faltan.

Hace algunos meses le había dado a una amiga de Liz mi solicitud para entrar a trabajar a la FAO, la Organización de las Naciones Unidas para la Alimentación y la Agricultura que tiene cede en Roma, pero nunca supe nada. Aquí a todas las personas a las que les digo que tengo esperanza en poder entrar, me dicen que estoy loca, que ahí solo se puede entrar conociendo a alguien y que hace muchos años que no hacen contrataciones.

Pero hace ya algunos meses que empecé a hacer oídos sordos de los comentarios negativos que me doy cuenta, son parte de la cultura del barrio. No por nada Lucca es tan negativo y depresivo; todo lo que dices que no sea de acuerdo con sus estándares, lo juzgan como locura o como fuera de lugar. Se paran afuera del bar a hablar de política o de fútbol y todo les parece que está mal.

Ahora entiendo, las noticias y los periódicos son de tanta importancia aquí, que desayunan, comen y cenan viendo el *telegiornale*, escuchando las malas notas o leyendo el periódico que también hace dinero a base de atormentar a las personas con los problemas del mundo, como si leyéndolos pudieran resolver algo. Entonces luego la gente se reúne y no tiene otra cosa de qué hablar más que de lo que saben a través de estos medios que los unen en conversaciones negativas y sin sentido, tratando de encontrar soluciones a los problemas económicos y sociales como si de verdad tuvieran idea de cómo hacerlo.

Esta parte de la cultura italiana la había notado en Puerto Escondido cuando hablaba con los tantos italianos que viven allá; se sientan a hablar de los problemas de Italia y hasta discuten como si de verdad fueran a resolverlo. La política y el *"calcio"* son el tema en todas las reuniones; antes me divertía, ahora me matan de aburrimiento y empiezo a comprender de dónde viene tanta apatía. No les faltan razones para ser indiferentes, su sistema político les corta las alas controlando la economía al punto de no poder tener un micro comercio como podría ser vender pasteles a tus vecinos, porque si la *Guardia di Finanza* se entera, te colocan una multa que ni con una pastelería podrías pagar.

En México vemos a Europa como a un hermano mayor, con admiración y con ganas de ser como ellos, pero la verdad es que hasta ahora no he encontrado mucho que aprenderle a Italia. La gente aquí no es culta, la gente es informada y el problema con eso es que creen que saben, pero saben solo lo que les llega de los medios de comunicación que manipula el gobierno o del presidente del Consejo pues los canales de televisión son de uno o del otro, igual que los periódicos.

Pero bueno, el caso es que estoy preparando de nuevo mi solicitud para ir a entregarla personalmente la próxima semana. No pierdo nada y tal vez, hasta gano un trabajo que me dé la libertad para tomar decisiones. Mientras, estoy buscando un centro de Yoga Kundalini; he investigado y al parecer hay una asociación en un lugar un poco lejos de aquí, pero iré a averiguar.

Ya me siento un poco más tranquila, y aunque tengo mucho miedo de lo que viene, tengo fe en que será lo mejor. Lucca apenas me habla, pero yo ya no lo intento y hace varios días que no veo a su familia porque salieron por los días santos y desde entonces no nos hemos visto. Tengo pocas ganas de hablar, así que estoy disfrutando la distancia.

Creo que él no es consciente de lo que puede venir a causa de su apatía y desinterés por nuestra relación, pero ya no me importa más. Solo quiero estar bien, conseguir un trabajo, encontrar un lugar para practicar yoga y conocer gente; lo demás ya lo iremos viendo. Pero no lo necesito en este momento, no necesito que las discusiones y las conversaciones vacías me distraigan con emociones que en este momento no puedo darme el lujo de sortear.

Me voy, Dari; ya es casi la hora de cenar y no tengo todavía nada preparado.

QUERIDA DARINKA

Cuando cursé la Universidad, en un examen oral mi maestro me preguntó qué era lo más importante para contratar a un empleado. Recuerdo que tardé en entender su pregunta hasta que por fin le respondí que en el proceso de contratación lo más importante es la selección. La capacitación puede llegar a ser insuficiente si el candidato no cubrió con el perfil completo desde antes de ser contratado. Esto me viene a la mente porque después de leer la carta y mirar mi vida actualmente, recuerdo en alguno de los muchos libros sobre el tema de la pareja y el matrimonio, haber leído que las mujeres erramos siempre queriendo cambiar a nuestras parejas. Creemos siempre que una vez estando con nosotros, serán la persona que vive en nuestra mente, porque gracias a nosotras, se convertirá en el caballero fuerte que cabalgará en su caballo blanco y nos sacará del calabozo para llevarnos a un hermoso palacio.

Los medios de comunicación nos han vendido tantas ideas erradas como el *telegiornale* a los italianos; todas esas películas románticas de final feliz han arruinado la vida de las personas haciéndonos creer en que esa realidad de cuento de hadas es posible. Alguna vez me contaste que tu abuela, cuando eras joven, te recomendó "cásate con tino" y tú le preguntaste ¿quién es Tino? Reímos mucho sobre esta anécdota y me recalcaste la importancia de tino en la selección. Pero aún hoy me cuestiono, ¿cómo se hace para ver al hombre al que se elige en el futuro? ¿Cómo se extrae uno de la tormenta hormonal que sucede durante la etapa de enamoramiento para poder ver al individuo en cuestión con objetividad y entonces permitirnos elegir con tino?

La realidad, creo yo, es que más allá de la selección, el papel importante es el de la adaptación. Dudo mucho que exista un candidato que pueda cubrir el perfil al cien y creo que pretender encontrarlo es una gran pérdida de tiempo e incluso, de oportunidad, porque si bien hoy mientras releo mi historia a través de estas cartas, parece que haberme casado con Lucca fue un error, al mirar todo el recorrido para llegar aquí a la vida que tengo hoy, sé que no fue así.

Recordar esto, es tal vez el recurso más grande que tengo hoy para buscar la solución en mi matrimonio con Ángel, pues hoy sé, gracias a la experiencia, que para que el cocktail hormonal que sucede cuando dos personas se unen se convierta en una buena mezcla, hay ingredientes que no pueden faltar y el más importante es el de la satisfacción de ser quien uno es. Cuando cada uno lleva al vaso este ingrediente, el elixir del amor explota en una fórmula mágica que permite que el amor los una en la embriaguez y el goce de la vida.

Mi tema hoy es que la vez anterior, cuando me encontré en esta disyuntiva entre buscar la satisfacción en mi vida de la mano de mi esposo o soltarme de ella para seguir buscando mi propio destino, elegí esta última y hoy no sé cómo se hace para buscar esos ingredientes dentro de mí tomada de su mano. Siempre lo he hecho sola, a mi ritmo, en mi espacio. Ahora, hacerlo a su lado, me resulta una misión imposible porque apenas tengo energía para mantener mi propio equilibrio y todavía debo ser contenedor de sus emociones, cosa que últimamente me resulta cada vez más difícil porque no tengo energía para sonreír, ni ganas de seguir cargando en mis hombros la responsabilidad total de un matrimonio, pues como bien lo estableció el I Ching:

"Esto puede continuar a través de muchas fases e intercambios de cortesías empañados por varios ideales recíprocamente aceptados de relación social, hasta que uno de los dos pierde la brújula y se ahoga en la confusión más absoluta. Quien quiera de los dos que se encuentre primero en esta situación, pierde total interés en el otro por no haber tomado la determinación en el momento justo. Deben decidir juntos en qué circunstancias tomar la iniciativa y cuándo cederla al otro…".

Yo estoy al borde de la confusión más absoluta y él todavía no se entera, tal y como sucedió quince años atrás. Parecería como si mi departamento de selección necesitara renovar personal, ¡no da una!

Roma, Italia, 25 de abril del 2002

¡Por fin conseguí la dirección de la *Federazione Italiana di Kundalini Yoga* y voy a dejar de sentarme sola y sin idea aquí en el piso de mi departamento!

Después de mucha búsqueda, encontré la dirección y el teléfono, pero he llamado muchas veces en distintos horarios y nadie me responde, así que le pedí a Lucca si me podía llevar el lunes próximo, ¿y sabes qué me respondió?

—*No Je, questo indirizzo è molto lontano* —Para él todo lo que no sea Piazza Bologna se le hace lejos. Hace unas semanas hubiera montado en cólera, pero esta vez no le respondí, solo le di las gracias y le dije que vería cómo ir yo sola para hablar con alguien que me ayude a encontrar un centro de yoga aquí cerca de la casa y así lo haré.

El lunes me mandó mi mamá la lectura de mi carta astral que hizo Mara el fin de semana. Existe una lectura que se llama Carta Horaria, que ayuda a ver momentos específicos de los eventos estelares. Esta carta te indica la posición de los astros en determinado momento, pero responde a una pregunta, es decir, tienes que tener en mente algo para que los astros te orienten.

Yo le pregunté si debía volver a México una vez que me separe de Lucca, ¡y no sabes lo que me respondió!

Dice que yo debo encontrar un maestro espiritual en el extranjero, que es un hombre alrededor de unos cincuenta años que será guía en mi vida espiritual. Me llama la atención porque te acuerdas que mi tirada del I Ching decía: "Debes subordinar tu vida a prácticas espirituales". Hasta se me puso la piel chinita cuando leí el correo. Me declaró también que venían tiempos mejores, pero no sin una buena dosis de esfuerzo. En este sentido, irme a México no resolvería eso porque tal vez allá las cosas serían todavía más difíciles.

Dari sé que todo va a estar bien, pero a ratos no sé si estoy tomando las decisiones correctas y temo equivocarme. Es normal, supongo. Pero hace solo un año y medio estaba tan ilusionada por mi boda que me parece increíble pensar hoy en divorciarme. Decirte que no creí que esto sucedería es una mentira, ahora sabes que mi llegada al altar fue sobre espinas. Pero una parte de mí me decía que las cosas iban a mejorar.

En fin, ya no importa lo que fue. Hoy estoy muy emocionada por ir a la Federación y encontrar un lugar en donde practicar esto que de verdad me hace sentir muy bien.

¡Uf! ¡Esta es la mejor parte de mi historia!
Necesito una carta horaria urgente que me llene de esperanza.

Roma, Italia, 5 de mayo del 2002

Darinka querida,

Pues resulta que muy en contra de la voluntad de Lucca, me fui el lunes a buscar la famosa *Federazione Italiana di Kundalini Yoga*. Me costó algo de trabajo encontrar la calle porque sí, efectivamente está lejos de la casa, pero no lo suficiente como para desalentarme a ir. Para ir tomé el metro y tuve que cambiar de línea para llegar al metro Lepanto y de ahí caminar como quince minutos.

Si es una zona que nunca había explorado: muy bonita, llena de árboles y camellones que se llama Parioli, algo así como las Lomas de Chapultepec en México, muy fresa. Llegué a la calle y busqué el número que nunca encontré. Como la zona es más bien residencial, casi no hay comercios y tampoco pasaba mucha gente a quien poder preguntarle. Estaba por regresar a casa cuando salió una señora de un edificio y me acerqué a preguntarle si conocía la famosa federación. Me respondió que no estaba segura, pero que, de ese edificio, me indicó señalando un portón a unos 50 metros, a veces salían personas vestidas de blanco con turbante en la cabeza; tal vez ese sería el lugar que yo buscaba.

Efectivamente, la gente usa turbante cuando practica este tipo de yoga, así que le agradecí y me dirigí al portón que me señaló la señora para encontrar en una esquina un letrero pequeñito que decía: "FIKY. *Federazione Italiana di Kundalini Yoga*". ¡Bingo! Toqué, toqué y toqué el timbre sin ningún éxito, hasta que, ya casi yéndome, salió del garaje una señora en un coche y le pregunté. Me sugirió que seguramente era la puerta que estaba ahí al fondo protegida por una reja.

Caminé hasta el fondo del garaje para encontrarme una puerta cerrada con un angelito que colgaba de la reja con la cabeza cubierta por un turbante hecho de tela adhesiva, de esa para pegar las gasas y cubrir las heridas. Toqué la puerta y nadie abrió hasta que estaba por irme. Una chica pelirroja me informó que los lunes solo había clase por la noche; si quería ir en el día, tendría que esperar hasta el miércoles para ir a clase a la una de la tarde.

—*Se vuoi venire a lezione il pomeriggio, devvi venire i mercoledi, ma io ti consiglio di venire venerdi perché il nostro maestro farà cinquanta anni e faremmo una festa dopo lezione.* —Me comentó mientras yo la miraba incrédula.

O sea, me dijo que si quería ir a clase durante el día fuera los miércoles que es el único día que hay clases, pero que me aconsejaba que fuera el viernes para conocer a su maestro porque era su cumpleaños cincuenta y le harían una fiesta. Se me fue el habla, Darinka. No lo podía creer y, por supuesto, tampoco podía esperar a que fuera viernes para conocer al Guru, como ella lo llamó.

La famosa *Federazione* resultó ser un sótano y no el edificio de tres pisos con letrero luminoso al frente que yo imaginaba. Al entrar, hay que quitarse los zapatos y no hay dónde ponerlos, así que llegas y encuentras algunas filas de zapatos debajo de un monte de zapatos desordenados que ya no pudieron encontrar lugar en las filas. Bajando unos tres escalones, a la izquierda, hay un largo escritorio con una impresora, algunos folletos informativos, un teléfono con una grabadora que siempre parpadea y a nadie parece importarle. Siguiendo por el largo pasillo, al fondo doblando dos veces a la derecha está el salón donde se dan las clases justo frente al baño y vestidor de mujeres.

El salón no es muy grande, tal vez unos 50 metros cuadrados; entrando a la derecha hay un espejo grande, igual que en el muro junto a la entrada. Frente a la puerta de acceso, hay unas vitrinas con unas espadas muy extrañas, son curvas con empuñaduras grabadas, son hermosas. Junto a ellas están las cobijas y los tapetes para colocar durante las lecciones sobre el piso de madera y al fondo, opuesto al espejo de la entrada, hay una puerta que es la única fuente de luz natural del salón y junto a ella, un cuadro enorme de una virgen que nunca había visto.

El miércoles tuve mi primera clase ahí. Al terminar la clase, durante la relajación final, no podía parar de llorar. Mi llanto era de paz, como si por fin, después de dieciocho meses hubiera encontrado un lugar que pudiera sostener mi cuerpo pesado por la angustia, el miedo y los malos ratos que he pasado. Todas mis preocupaciones quedaron pausadas por una hora y media en la que lo único importante era ese instante de encuentro conmigo y con esa paz que tanto he anhelado por años y que hasta hoy nunca había sentido.

Estaba ahí, en un sótano en Roma, frente a una chica que no conocía, en un lugar totalmente ajeno a mí y donde nadie podía encontrarme, llorando como una niña que se soltó de la mano de su madre en un centro comercial y de pronto la perdió de vista, pero me sentía más segura que en mi propia casa. Cuando terminó la relajación, me limpié las lágrimas, le agradecí la clase y me preguntó si nos veríamos el viernes para el cumpleaños del "Guru". Le dije que no estaba segura porque era tarde y temía no encontrar transporte para volver a casa, me alentó para ir diciéndome que seguramente alguien podría llevarme y nos despedimos.

Cuando salí de ahí me sentía ligera, solo quería mirar al cielo que empezaba a clarear, pues el verano está ya a la vuelta de la esquina y los días empiezan a ser más largos y brillantes. Ese día Lucca me preguntó dónde había estado y le conté mi experiencia a lo cual solo me respondió:

—*Bello, che bello.*

El viernes le dije que iría en la noche a la fiesta del tal Guru porque la verdad no podía esperar a conocerlo, obvio no le conté sobre mi Carta Horaria porque él cree que todo lo que yo hago es pura tontería. Así que, sin tener una justificación para ir, a Lucca le pareció un capricho mío ir a esa hora; entonces al pedirle si podía ir por mí, me respondió que siempre que fuera antes de que guardara el coche, iría.

El viernes llegué a la Federación una media hora antes de la clase que empezaba a las ocho. Había mucha gente, pero el maestro no había llegado aún. Platiqué con unas chicas que viven en la zona, muy agradables y amables. Ya sabes, las mismas preguntas que todos me hacen, ¿de dónde vienes?, ¿qué haces aquí?, ¿a qué te dedicas? Todas esas preguntas que yo misma me hago y, a veces, no sé responderme.

Finalmente, alrededor de las ocho treinta llegó una camioneta azul que se estacionó justo frente a la puerta del lugar y se bajó de ella un hombre vestido de azul, con un pantalón de esos indios que parece que se hicieron popó, un turbante azul marino y una barba larga blanca. Apenas salió del coche, todos empezaron a hacer burla sobre su retraso. Al parecer, siempre llega tarde y todos le reclamaban por eso.

El se acercó, los saludó y les reclamó que, en lugar de estar ahí reclamando, debían estar todos adentro empezando la clase. Así que, como borreguitos, empezamos a entrar al lugar, apilando zapatos frente a la puerta. La clase fue fabulosa, el mantra inicial, que es como un cántico que se hace antes de empezar la clase, me llena de energía, me hace vibrar de una manera que antes no había sentido porque mi maestra en México omitía esta parte, nunca cantaba el mantra y durante la clase, solo ponía música clásica en lugar de los mantras que usan aquí que son una delicia.

La energía del grupo me encantó. Al final de la clase, unos chicos tocaron los tambores mientras otros cantaban y tocaban otros instrumentos, luego trajeron platillos vegetarianos para comer y entre todos los sirvieron. Se ve que se conocen bien y de mucho tiempo, y el Guru famoso se acercó a mí para preguntarme si me gustaba el centro y qué hacía en Italia.

Hablé con él una media hora sobre lo que me había llevado a Italia, le conté la situación actual y le dije que estaba a punto de separarme. Me preguntó si me gustaba Italia y le dije que no mucho, que estaba enojada con toda mi experiencia ahí porque considero que no hay oportunidades y se me han cerrado todas las puertas, finalmente me dijo:

—*Va bene se te ne devi andare, ma non partire arrabbiata con tutto un paese, fa pace. Trova pace.*

Cuando vi el reloj eran ya más de las diez, llamé a Lucca y me mandó por un tubo, me advirtió que no iba a ir por mí, que ya había guardado el coche y que buscara una plaza y tomara un autobús porque el metro ya estaba por cerrar. Me despedí de todos y fui a buscar la plaza. La verdad no tenía ni idea de dónde estaba, Dari, no tenía idea de cómo volvería, pero me sentía tan bien que no permití que el evento irrumpiera esa paz, no dejé que mi enojo y mi indignación por saber a Lucca tan indiferente a mi estado emocional, me perturbaran.

Di vueltas más de una hora hasta que encontré un autobús que me dejó en Termini y de ahí tomé un autobús a casa. Llegué alrededor de las doce y media, Lucca ya estaba dormido, pero anoche dormí como no lo hice en todo el tiempo que llevo en Italia. Hoy en la tarde encontré a Alessio y me planteó que no estaba bien que estuviera sola en la calle a esas horas, que Lucca le había dicho que llegué después de la media noche.

Le respondí que si tanto le preocupaba que estuviera sola a esas horas, le pidiera a Lucca que tuviera una cortesía conmigo, solo una y fuera por mí, y que si él hubiera hecho eso a las diez y media de la noche, yo no hubiera estado sola a las doce y media en la calle. Me dio mil explicaciones de lo cansado que era el trabajo y que a esa hora él ya estaba cansado y yo debía estar en casa.

Decirte que no estoy dispuesta a aceptar un solo comentario más sobre mi vida, la forma en la que hago las cosas o las decisiones que tomo, es poco. Al próximo que se atreva a exponer su opinión acerca de mí vida, tendrá que soportar todo lo que yo tengo que decir sobre la manera en la que ellos viven la suya y si en el pasado me contenía por respeto o por temor de hacerlos enojar, hoy ya no tengo nada que perder. Hoy solo quiero que se termine, que me dejen en paz, que me dejen vivir la vida que yo quiero vivir, no lo que ellos creen que es lo correcto o lo que debería de hacer.

Estoy aburrida, cansada, fastidiada y ya no quiero vivir en este lugar. No merezco vivir así y voy a hacer lo que sea necesario para salir de él, aún si eso significa arruinar mi relación con todos los De Carlo para siempre. Lucca se enamoró de una mujer independiente, una mujer que enfrentaba la vida sola y que no tenía a nadie que decidiera por ella, se enamoró de mi porque era capaz, porque tomaba decisiones, porque vivía sola y no dependía de nadie. Justo esa persona volveré a ser, Darinka, porque no sé ser sumisa y atenida, no sé vivir bajo el yugo de quienes creen que pueden detenerme de hacer la única cosa que hoy me hace feliz, porque hacerlo los saca de su zona de *confort*.

Alessio era mi persona favorita porque no se involucraba en nada, siempre era amable, cariñoso y se mantenía al margen, pero después de esto se acabó. Quiero mi libertad, quiero volver a ser la persona valiente que enfrenta la vida y va por aquello que la hace feliz. Quiero recuperar mi libertad aun cuando no tengo idea del rumbo que tomaré una vez que lo consiga. Sé que la vida que estoy viviendo no define la persona que soy y aun cuando sea momento de morir, no renaceré en una cobarde que no sabe defenderse, no seré un monigote a quien su marido y su familia política manejan a su antojo e imponen una moral que no le pertenece.

Esos eventos que vemos como "casualidades", no son más que puntos en los que se intersecan el deseo y el destino. Es justo en ese punto en el que la oportunidad de cambiar el rumbo sucede. Ahí donde chocan el camino que vamos siguiendo y el destino que estamos buscando, obligándonos a tomar una decisión en el segundo donde colisiona lo que somos contra lo que queremos ser, provocando confusión, pero a la vez una excitación que nos quita el sueño.

Si hay coincidencias, coinciden los deseos con las oportunidades, los alumnos con los maestros, los planetas con los puntos de la espiral de la vida en los que es momento de vivir eso para lo que estamos en donde estamos. El destino es aquello que persigue al que no se da por vencido, al que no se rinde ante las adversidades y busca hasta encontrar. Las coincidencias están ahí para el que está despierto, alerta y deseoso de encontrarse con sus motivos.

Seguramente, esta es una carta/recordatorio de la importancia de tener en mente que hay que estar alerta, sobre todo en medio de la bruma, como la que me nubla las ideas en este momento. Un recordatorio de la importancia de buscar para encontrar. Los dolores en mi cuerpo a veces me obligan a elegir la actividad más importante del día porque no puedo con todo lo demás. Tengo que elegir entre ir al supermercado y hacer cuarenta minutos de ejercicio porque si empiezo el día moviéndome, para cuando terminé de bañarme ya se me terminó la gasolina.

No me reconocerías Darinka, pero sé bien que me entenderías y seguro tendrías algún remedio en ese infinito repertorio de recursos con el que siempre contabas.

LA LIBERACIÓN

Roma, Italia, 18 de junio del 2002

Ha sido un mes cargado de emociones fuertes, Darinka. Empezaré por contarte que he seguido haciendo yoga tres veces por semana y esto me ha cambiado la percepción de todo. Me siento otra, me despierto todos los días con muchos ánimos y los días que me toca clase de yoga, apresuro todo lo que tengo que hacer para irme a mi clase a las ocho de la noche. Lucca y su familia me alucinan por esto, pero honestamente yo hago caso omiso de sus comentarios.

En el centro de Yoga hay una chica que vive muy cerca de mi casa y casi todos los días me trae y me deja a una cuadra de casa después de clase. Los días que ella no va, siempre hay alguien que me acerca a la plaza donde tomo el autobús que me deja en Termini y de ahí tomo otro para llegar a casa casi siempre alrededor de las diez y media de la noche. Guru es maravilloso, adoro sus clases, siempre hay una reflexión al final de la clase y los comentarios de mis compañeros me ayudan también mucho a entender.

Todavía no tengo claro lo que haré, sé que quiero dejar a Lucca pero todavía no sé cómo. Sé que no está bien quedarme en su casa, pero he pensado pedirle que me dé un poco de tiempo en lo que consigo un trabajo y puedo establecerme aquí en Italia. No quisiera volver a México, pero ya he mandado mi *curriculum* a algunos lugares para ver lo que pasa.

Aunque honestamente, México es mi plan B. No me entusiasmo cuando pienso en volver, es como si algo me dijera que es aquí donde debo estar. Deseo con todo el corazón encontrar un trabajo para poderme quedar aquí, veremos lo que dice la vida.

Por lo pronto me siento bien y con más ánimo para enfrentar lo que viene. La gente del centro de yoga es muy linda, todos me apoyan con palabras alentadoras e incluso admiran el hecho de que esté decidida a dejar a Lucca a pesar de no tener a donde ir.

Sinceramente, tengo miedo, Darinka. Mucho miedo.
Pero a la vez, algo muy dentro de mí me dice que todo estará bien, que yo estaré bien.

Lucca no parece darse cuenta de que estoy a punto de dejarlo. No sé si se hace el loco o de verdad no se ha enterado. La vida sigue igual. Nos hablamos para lo necesario, nos vemos para comer y para dormir, los fines de semana vamos a comer a casa de sus papás o de Giulia, pero nadie me pregunta nada. Las conversaciones nunca son profundas. Se habla sobre la comida, sobre el *"calcio"* o sobre los acontecimientos políticos... *Same old, same old.*

Así que yo finjo demencia igual que ellos y viva la paz. Tiempo al tiempo.

Mañana en el centro de yoga me van a hacer una terapia que llaman *"Terapia della Spada"*, es una terapia que hace mi Guru con sus espadas para romper con la energía negativa. Una vez fui a una y es muy bonita. Un grupo de músicos tocan mientras cantan mantras y Guru danza alrededor de la persona a quien se le hace la terapia y está recostada sobre el piso. Él entra en meditación, lo que le permite reconocer el lugar donde la energía está bloqueada y con sus espadas, rompe las ataduras y reestablece el equilibrio. Bueno, más o menos algo así.

El caso es que mañana voy a esa terapia que es después de la clase, o sea, empieza a las diez de la noche y termina alrededor de medianoche. Invité a Lucca a ir y no quiso, me dijo que era demasiado tarde y que él se tenía que levantar temprano el jueves. ¡Así que al diablo con Lucca! Me voy a quitar los espíritus chocarreros para conseguir lo que necesito para liberarme de este yugo que de verdad no puedo soportar más.

Mañana te platico dónde encontraron mi demonio.

QUERIDA DARINKA

La magia se puede encontrar siempre y ningún tiempo pasado es mejor que el momento que estamos viviendo, no solo porque es el único que tenemos, sino porque es el único que podemos manipular. Esos días estaban llenos de luz y sentía mucha emoción por vivir la vida, pues sabía que algo importante estaba por suceder.

Caminaba entre las tinieblas, pero estaba llena de valor y coraje por atravesarlas para vivir lo que venía. Sentía que en cualquier momento la nube se alejaría y aparecería frente a mí un paraíso lleno de color y armonía. Me emocionaba en cada clase porque estaba atravesando barreras y rompiendo paradigmas que me hacían sentir más libre cada vez y más fuerte día con día.

El Kundalini Yoga cambió mi vida y en ese entonces apenas empezaba a enterarme. A unos pocos días de haber comenzado la práctica, las clases llenaban mi estómago de emociones difíciles de contener.

Roma, Italia, 20 de junio del 2002

¡Ya me sacaron el chamuco, Darinka! ¡Y no vas a creer en dónde cayó la espada!

Pero primero déjame contarte todo lo que pasó antes porque necesito procesarlo, a ver si contándote lo consigo.

Resulta que llegué al centro de yoga unos veinte minutos antes de la clase de las ocho porque estaba un poco nerviosa por mi terapia. Cuando llegué, frente a la puerta sentados alrededor de la mesa, estaba platicando un grupo de compañeros con alguien a quien no conocía. Llegué saludando, pero sin poner mucha atención de quiénes eran hasta que escuché a alguien que, ante la pregunta, ¿de qué signo eres?, él respondió:

—*Sono Cancro.*

Me giré a mirarlo porque me llamó la atención y viendo sin mirar, le dije que se alejara de mí. No me preguntes por qué le dije eso a un santísimo desconocido con el que no había cruzado más que un "*buonasera*" en una mesa con al menos unas seis personas cuya conversación ni siquiera estaba escuchando.

Me quité los zapatos y entré al centro para preparar mi tapete en un lugar que me gustaba para tomar mi clase y que, por ser el día de mi terapia de la espada, no quería perderlo. Unos minutos más tarde, mientras hacía algunos estiramientos, llegó el tipo al que acababa de pedirle mantenerse lejos de mí por tan solo pertenecer al mismo signo zodiacal que mi futuro exmarido. Tomó un tapete y se sentó junto a mí.

—*Allora? Ancora non so chi sei e giá mi hai allontanato da te?*

Me dijo con un acento *romanaccio* bien marcado entre riendo y exigiendo una respuesta que justificara de verdad mi comentario tan poco amigable unos minutos antes. Me reía y me disculpaba mientras miraba sus enormes ojos profundos color verde aceituna, sus cejas negras sobre un rostro apiñonado al que enmarcaba un cabello negro largo, recogido con una cola de caballo que me distraía de sus palabras mientras sentía un nerviosismo que conocía muy bien cada vez que sonreía iluminando su rostro con sus dientes blancos perfectamente alineados, una sensación conocida que no había sentido desde más de seis años atrás cuando conocí a Lucca.

Cuando pude volver a mí después de que lo miré con detenimiento, hablamos unos minutos en los que le expliqué que estaba por divorciarme de mi esposo que también era cáncer, como él y que al escucharlo me salió del alma pedirle que se mantuviera lejos de mí, como si él hubiera tenido al menos la mínima intención de acercarse y como si yo lo hubiera mirado lo suficiente como para tener motivos para alejarlo.

Reímos un poco sobre la anécdota hasta que llegó Guru y comenzó la clase.

Su presencia a mi lado me provocaba un poco de inquietud, por decirlo de alguna manera. Su energía era fuerte, un poco invasiva y ocupaba más espacio que su cuerpo físico sobre el tapete. Me costó trabajo mantener la concentración hasta el final de la clase, pero lo conseguí.

Cuando terminamos de meditar, Mattia se levantó y se despidió con una gran sonrisa extendiéndome la mano para ayudarme a levantarme del piso. Le agradecí la amabilidad y le pregunté por qué no se quedaba para la terapia, me respondió que no sabía que habría terapia pero que, si era la mía, se quedaría para apoyarme.

La terapia comenzó unos minutos después.

Me recosté en las pieles de borrego extendidas sobre el piso de madera al centro de la habitación, encendieron las velas y comenzaron a tocar y cantar mantras todos los presentes. Guru y los demás practicantes de Gatka comenzaron a girar en torno a mí, moviendo las espadas de las que solo sentía el viento porque tuve los ojos cerrados toda la terapia.

El tiempo pasó mientras yo entré en un estado meditativo que, aunque similar a los otros que te he contado en estado semi dormida, este era distinto. Estaba, pero no estaba. De alguna manera me sentía como un observador, como si estuviera fuera de mi cuerpo mirando la escena desde otra perspectiva. Mis pensamientos iniciales eran erráticos, saltaban de un lugar a otro sin ton ni son, hasta que dejé de pensar sin darme cuenta. Solo estaba ahí, presente pero ausente. Mirándome a lo lejos.

La música se aceleró mientras todos cantaban cada vez más fuerte. "Wahe Guru, Wahe Guru, Wahe Guru" se escuchaba que repetían todos al ritmo de los tambores, los panderos y las tablas que tocaban otros cada vez más rápido. Unos treinta minutos más tarde, escuché un fuerte grito, como quien está en medio de una batalla y, finalmente, ha conseguido clavar la espada dentro del cuerpo del enemigo. Sentí el cuerpo de Guru acercarse como si fuera a caer sobre mí, abrí los ojos espontáneamente y vi la espada que había sido colocada en mi abdomen, justo sobre mi plexo solar.

La música comenzó a disminuir de intensidad, desacelerando el ritmo y bajando el volumen hasta que se detuvo por completo. La mano de una de las chicas presentes tocó mi hombro para indicarme que debía incorporarme. Todos habían formado un círculo alrededor de mí y estaban sentados a la luz de las velas, nunca supe en qué momento sucedió. Sacaron de la vitrina el Guru Granth Sahib, el libro sagrado de la religión Sikh, al cual llaman el onceavo Guru (maestro) y se lo entregaron a mi Guru, quien lo abrió en una página cualquiera y empezó a leer.

—Nanak dice: "Si el verdadero Maestro permanece en la mente, todos los sufrimientos terminarán. Millones de pecados son destruidos, solo recordando el nombre de Dios. Canta los atributos de Dios y consigue todos los frutos deseados. Los miedos del nacimiento y la muerte terminarán, estarás estable, verdaderamente en paz. Si es predeterminado, únete a los pies de Dios. Nanak dice: ¡Oh, Maestro! Sé amable y protege, yo me sacrifico por ti. Salok".

La terapia terminó con algunas palabras de Guru y cenamos con la música que tocaban mis compañeros. Fue una experiencia única, Darinka; nunca viví algo similar. La ausencia de mi mente fue exquisita pero inquietante. Estar ahí observando sin juicio fue muy extraño para mi mente que nunca se detiene y a la que le gusta siempre tener una respuesta pronta para todo, siempre juzgando, siempre presente.

No obstante, desde ese momento, hay calma en mis pensamientos, como si se hubieran aquietado las aguas del mar después de la tormenta, mis pensamientos son menos turbios, veo mi futuro con mayor claridad y es definitivo que no es aquí. No es al lado de Lucca y ahora no tengo ninguna duda.

Tomaría un avión en este instante para volver a recostarme sobre el suelo del centro de yoga para que una vez más, el Guru Granth Sahib, me guiara con sus sabias palabras. Desde entonces sé que no es necesario estar presente, ni tanto menos se requiere de un ritual para escuchar la palabra de Dios. Pero es distinta la energía cuando se camina por la oscuridad de la mano de un maestro.

Este recuerdo me pone la carne de gallina y aunque no necesito volver a él para vivirlo, me encantaría poder verlo con mayor claridad nuevamente. Extraerme de mi cuerpo sobre el suelo y ver lo que pasaba alrededor, pero más conscientemente, observando también a los demás, porque ese día hubo magia y me encantaría poder ver las estrellas en espiral que giraban en torno a mí y las chispas de luz que emanaban de las espadas que cambiaron mi rumbo para siempre.

Si el verdadero Maestro permanece en la mente, todos los sufrimientos terminarán. Si el verdadero Maestro permanece en la mente, todos los sufrimientos terminarán. Si el verdadero Maestro permanece en la mente, todos los sufrimientos terminarán.

No me explico por qué dejé de practicar cotidianamente algo que le ha hecho tan bien a mi vida. Era tan fácil que el verdadero Maestro permaneciera en mi mente cuando practicaba todos los días, como si hubiera creado un puente que me elevaba sobre los problemas y me pasaba directamente a las soluciones. Haré unas planas con esta frase y volveré a practicar, a ver si la ingeniería retoma mi vida.

Roma, Italia, 28 de junio del 2002

Estoy tan emocionada que apenas he podido encontrar el momento para escribirte, Dari. Empezaré por contarte que esta semana llevé personalmente mi *curriculum* a la FAO con la esperanza de que esta vez sí llegue a las manos de la persona indicada, y algo me dice que así será.

Me emociona mucho pensarme trabajando ahí, no sé si alguna vez te platiqué que cuando era niña, una amiguita mía fue a un curso de verano en las Naciones Unidas y cuando me lo platicó imaginé perfectamente todo lo que me dijo. Las banderas, las personas hablando distintos idiomas, los intérpretes detrás de las cabinas en las salas de juntas; me imaginé cada cosa que ella me comentó como si hubiera estado ahí con ella. De hecho, esa conversación fue el motivo por el que yo quise estudiar para ser intérprete y traductor, pero pues luego cuando viví la realidad en la escuela, me di cuenta de que lo que me gustaba era aprender idiomas y no correr detrás de las palabras de otra persona, pero en otro idioma.

Veremos lo que dice el destino, tu sigue rezando a tu virgencita milagrosa para que yo encuentre mi boleto de salida de aquí porque la cosa se está poniendo cada vez más compleja.

El día de mi terapia resultó que Mattia y yo teníamos el mismo aventón, lo cual nos dio mucha risa y nos sirvió para seguir platicando todo el camino hasta su casa, porque lo dejamos primero.

Desde ese día no pude dejar de pensar en él, ya sé que él no es el Verdadero Maestro del que me habló el Guru Granth Sahib a quien debo tener en la mente, pero ¡ay, Darinka! No puedo sacármelo de la cabeza y peor aún, cada que lo pienso se me sume el estómago, me vuelan mariposas en la panza, me sudan las manos y ya ni te digo que más me pasa porque me sonrojo.

Pues a raíz de esto decidí ir a clase de yoga al medio día porque no quería encontrarlo, pero hoy no pude ir y no quise saltar la clase así que fui en la noche. Cuando llegué estaban todos afuera y sentí alivio de no ver a Mattia, había ido a comprar unas cosas antes de llegar y me urgía ir al baño, así que saludé rápidamente, me quité los zapatos, los aventé sobre algunos otros que ya estaban en la fila y corrí al baño para tropezar de frente justamente con él, quien me expresó:

—*Ma dove cacchio sei che non ti trovo dalla settimana scorsa e non ti ho nemmeno chiesto il tuo numero di telefono!*

¡Casi me voy para atrás, Darinka, no solo de verlo, porque además me estaba buscando y quería mi número de teléfono!

Creo que nunca te platiqué que Mara me mandó una lectura de mi retorno solar hace unos días y en ella me dice que cualquier cambio que quiera hacer en mi vida, tengo que hacerlo antes del día 11 de julio porque de lo contrario, no sé cuál planeta va a caer en no sé qué casa y, a partir de ese día, todo lo que no haya decidido dejar, permanecerá en mi vida por los póximos diecisiete años.

Pues te cuento esto porque no quiero llegar al 11 de julio de la mano de Lucca por ningún motivo, sobre todo, porque no puedo llegar ahí cuando mi corazón no deja de palpitar repitiendo: Mattia, Mattia, Mattia...

Dios santo, Darinka, ¿en qué momento se metió esta persona en mi vida y me tiene día y noche imaginando sus ojos frente a los míos? Me siento fatal porque de verdad yo no lo busqué, incluso quise huir de él y le pedí que se mantuviera lejos de mí y ahora lo traigo metido en la cabeza todo el santísimo día y peor aún, cuando lo encontré, hasta se me quitaron las ganas de hacer pipí!

¿Y ahora, Darinka?

Pues nada, hace rato llegué a casa después de la clase de yoga y de enterarme que Mattia tiene la mismita numerología que Lucca, ¡hazme el favor el maldito karma con el que me vine a tropezar!

No nacieron el mismo día pero sus números son iguales; ellos son tan distintos que más no se puede. Mientras Lucca es serio e introvertido, Mattia es un cascabel, alegre, extrovertido, platicador y, por lo poco que he visto, es afectuoso a diferencia del hielo con el que duermo todas las noches.

Estoy muy desconcertada; todo esto me emociona a la vez que me asusta. Yo no lo tenía planeado, Dari, te lo juro. Pero ahora siento que tengo que terminar con Lucca cuanto antes porque de lo contrario voy a terminar haciendo un daño que nunca he querido hacer. Lucca no ha sido el marido ejemplar, pero no es un mal tipo. Yo sé que, a su manera, me ama y le importa lo que me pasa. Siento solo como si algo no lo dejara actuar y demostrar su amor por mí.

Yo también lo amo, pero no coincidimos en la manera en que queremos vivir la vida en pareja y yo no tengo ganas de seguir sacrificando todo por él. Dejé todo para hacer una vida a su lado, quemé mis naves porque no quería que nada me hiciera pensar que había manera de volver, he estado aquí por un año y medio esperando a ver si las cosas dan un giro que indique que mis decisiones han valido la pena y nada, no pasa nada. Cada día está más lejano a mí y cada vez más siento ganas de salir por esa puerta.

Mattia no es el motivo, es el detonador.

Yo no puedo dormir a lado de Lucca mientras pienso en otro, no quiero ser esa persona porque los años que tenemos de historia Lu y yo no merecen un final dramático. Tampoco lo merece la familia que por cuanto se haya comportado tan mal conmigo, sé que no lo hacen por perjudicarme sino porque desde sus costumbres y su manera de percibir el mundo, no hay otra manera.

Quisiera que nada de esto estuviera pasando porque desearía que mi matrimonio hubiera sido un éxito y fuéramos los dos felices en esta relación. Pero no es así y las cosas no son como yo quisiera sino como son y así tengo que afrontarlas.

Dari, tengo más miedo que nunca. Siento que estoy por aventarme al precipicio y no veo el fondo, pero detrás de mí viene una fiera hambrienta que me va a devorar si no doy el salto, así que no hay opción.

Apuesto por un futuro mejor.

¡Qué buena ayudada me dio la vida en aquél entonces para decidir dar ese paso de una buena vez por todas!

No fue eso lo que me motivó a dejar a Lucca, pero qué bien me hizo tener una zanahoria que perseguir… por llamarla de una manera; ¡ja, ja! Si, Mattia fue la llave de la puerta que yo estaba buscando tan desesperadamente. Fue el catalizador que me impulsó a tomar una decisión difícil en un momento incierto.

Hoy no quisiera un Mattia, digamos que no quiero una zanahoria que perseguir, por continuar con la analogía. Hoy quisiera encontrar la llave que abra una puerta en donde encontrar a esa mujer valiente que está por dejar a su marido en un país extranjero en donde no conoce a nadie y no tiene más que sus recursos internos para salir adelante y la mujer que ha sido feliz a lado de un hombre que está descubriendo sus capacidades y está embelesado por ello.

Quisiera encontrar detrás de la puerta, un escenario en donde yo soy de nuevo yo con todas esas virtudes que me han hecho afrontar momentos críticos y pasar por túneles horrorosos y más oscuros que la noche, pero a la vez soy felizmente casada.

Y también, detrás de esa puerta, soy la mujer que cargaba sola sus maletas y no buscaba ayuda para subirlas al cuarto piso en donde viví por siete años. La que subía las bolsas del supermercado con los perecederos primero y volvía más tarde por los no perecederos que dejaba en la cajuela del coche mientras tomaba un respiro sentada en mi departamento con apenas unos muebles.

Ojalá pudiera encontrar la llave que me devuelva esa energía y ese amor por la vida, por la sorpresa y el descubrimiento, a la vez que me ayude a valorar las bendiciones de tener quien me ayuda a subir las bolsas del super para no tener que bajar dos veces.

Roma, Italia, 3 de julio del 2002

¡Lo hice, Darinka! ¡Lo hi-ce!

Por fin le pedí a Lucca el divorcio esta mañana después de desearle un feliz cumpleaños. Ya sé, que amargada, pero así tenía que ser porque hoy por ser su cumpleaños no fue a trabajar y es el único día que he tenido tiempo para decírselo sin prisa.

Temprano le preparé el café y se lo llevé a la cama, lo abracé y le desee un buen año, me senté frente a él y le pedí que por favor me dejara ir. Su cara no cambió de expresión, no hubo gusto ni entusiasmo con mi felicitación ni tampoco hubo tristeza o enojo ante mi petición.

Al no responder, me levanté por el teléfono y se lo puse en las piernas pidiéndole que llamara a su primo el abogado, quien nos recordó hace unas semanas que todavía nos debía nuestro regalo de bodas, que qué queríamos, así que esta mañana le pedí a Lucca que lo llamara y le pidiera nuestro divorcio como regalo de bodas y así lo hizo.

Sí, suena horrible, ya lo sé, pero no hay un buen día para decirle a alguien que ya no quieres estar con él, ¿o sí?

¡Por ningún motivo quiero llegar al 11 de julio con este matrimonio sobre los hombros, no sea que de verdad me caiga la maldición como dice Mara y no pueda salir de él en diecisiete años!

Después de hablar con el primo y que nos explicara el trámite que procede, nos paramos de la cama y como por arte de magia, platicamos y nos reímos. Sí, Darinka, como lo oyes, ¡nos reímos! Los muros de esta casa no conocían el tono de nuestras risas, los espejos no conocían nuestras sonrisas y hoy, cuando por fin nos dijimos la verdad, volvimos a ser las personas alegres que éramos antes de casarnos.

El día siguió con una comida en casa de sus papás y un café en el bar con unos amigos. Algunos de ellos vinieron a la casa después pero se quedaron solo un par de horas. Claro está que no le comentamos a nadie de lo que está por venir. Cuando ellos se fueron yo ya estaba en cama, Lucca entró al cuarto, se puso la pijama y se metió a la cama acercándose para abrazarme. Lloramos juntos por mucho rato antes de que él me dijera:

—*Perché Je? Perché non ci riusciamo?*

Yo no sé, Darinka, yo no sé por qué no logramos estar juntos. No supe qué responderle sin empezar a culparlo e iniciar una pelea. Y la verdad es que no tengo una respuesta, no sé por qué no podemos. No lo sé.

Los eventos, las circunstancias, las palabras, lo que nos dijimos, lo que no nos dijimos, lo que hicimos, lo que dejamos de hacer, las decisiones que tomamos y las que no tomamos, todo eso nos llevó hasta aquí. No puedo decir nada de eso sin que volvamos al lugar donde todo empezó a desmoronarse.

El día fue como una película de Woody Allen. No se me ocurre otro lugar donde después de meses de no comunicarse, una pareja pasa un día de risas, abrazos y llanto tras decidir dejarse. ¿Será que nos quitamos un peso de encima? ¿Será que los dos queríamos esto y ninguno se atrevía a pedirlo? ¿O será que bajamos la guardia al ver que lo arruinamos todo y ya no hay vuelta atrás?

Son las dos de la mañana y me desperté de un sobresalto. Hace ya mucho calor y no podía dormir, así que vine a escribirte.

Todo va a estar bien, ¿verdad?

Sé que hice lo correcto y también sé que esto nada tiene que ver con la aparición de Mattia, solo espero que sea un proceso rápido y sin mucho dolor.

Aunque te confieso que hoy sentí la tristeza que la rabia no me dejaba sentir. Mi llanto era honesto y venía de lo más profundo de mis sentimientos por Lucca y a él lo sentí igual. De hecho, desde la primera vez que nos despedimos hace más de siete años, cuando creímos que no nos volveríamos a ver, no habíamos llorado tanto juntos.

Estoy más triste de lo que pensé que estaría, pero curiosamente, la tristeza no me echa para atrás, Dari. Sé que la tristeza pasará, tanto como sé que Lucca siempre será Lucca y yo siempre sentiré un vacío a su lado.

Hoy es un día triste, pero me llena de ilusión lo que viene. Por fin enfrenté el miedo de decir lo que quiero y tengo la certeza de que lo mejor está por venir.

¡Pero que ya llegue, por favor! Me voy a dormir a ver si llega más rápido. Buenas noches.

LO MEJOR ESTÁ POR VENIR SIEMPRE QUE ESTEMOS CRECIENDO. LO MEJOR ES EL mañana que forjamos con las decisiones que tomamos hoy y eso sí lo he aprendido desde entonces. Afrontar el miedo y elegir, tomar decisiones y encarar los problemas es tal vez una de las lecciones más grandes que aprendí entonces. No existe el hubiera, pero la satisfacción por el presente es la brújula que nos indica que vamos en la dirección correcta y que las decisiones que nos trajeron aquí fueron atinadas.

La vida solo puede ser como es, pero si ese día Lucca me hubiera preguntado ¿Cómo? ¿Cómo hacemos para conseguirlo?, probablemente el final de la historia habría sido distinto. Hubiéramos abierto una posibilidad que ya estaba cerrada desde que no nos atrevimos a encarar el problema JUNTOS. Las preguntas que nos hacemos marcan la dirección de nuestras respuestas y en una pareja, no existe una respuesta para un "por qué" que no lleve a una discusión. Son preguntas sin respuesta porque la respuesta puede ser cualquier cosa que te mantenga girando en un círculo alrededor de un problema que nunca encontrará una solución.

¿Por qué dejas los platos sucios sobre la mesa? ¿Por qué no guardas tu ropa? ¿Por qué no me compras flores en mi cumpleaños? ¿Por qué eres así?

Porque ahí los quise dejar. Porque no quiero guardarla. Porque se me olvidó. Porque así me educaron.

Nada, no hay una sola solución. No hay una sola respuesta que aporte una vía que lleve hacia adelante; la gran mayoría nos lleva al pasado, a los eventos, a las mismas actitudes, en lugar de aportar una puerta de salida que nos dirija al siguiente nivel.

Ahora lo sé.

Roma, Italia, 12 de julio del 2002

¡Tengo trabajo, Darinka! ¡Tengo trabajo!

Han sido días super extraños, como una avalancha emocional con cosas increíbles y otras bastante molestas. Pero la mejor noticia es que me llamaron de la FAO, fui a hacer unos exámenes un día y dos días después me llamaron para ir a una entrevista y ¡hoy por la mañana me llamaron para que empiece a trabajar el lunes!

Pero ahí te va lo mejor. Yo tengo ya pagado un retiro de yoga en Titignano, un pueblito a una hora de Roma que será de jueves a domingo, entonces les comenté y me dijeron que no había problema, ¡que podía empezar el lunes siguiente!

¿Puedes creer lo afortunada que soy, Darinka? No me la puedo creer, de verdad que estoy sorprendida con lo atinado de los acontecimientos y me siento muy afortunada porque es justo lo que necesito para poder salir de esta situación. Solo necesito un trabajo que me permita ganar lo suficiente para sostenerme y poder establecerme aquí o volver a México al menos con unos pesos en la bolsa.

Hoy no tengo claridad en cuanto a lo que quiero para el futuro, pero sé que teniendo dinero puedo tomar decisiones que sin él no puedo, así que un paso a la vez y por hoy celebro tener trabajo.

Las cosas en casa son más serenas desde que hablamos Lucca y yo, él no quería decirle a sus papás todavía pero yo ya no quise esperar más y le dije que o hablaba él con ellos o lo hacía yo. Él me advirtió que ellos no lo iban a tomar nada bien, cosa que me quedaba bastante clara, pero pues yo no vivo para ellos y, por mucho que ellos sufran, la vida es la mía, no puedo postergar solo para no darles el mal rato.

El caso es que pasamos un par de días en esa discusión y, finalmente, un día se me puso la oportunidad en frente y hablé con Alessio primero.

Fue horrible, Dari; fui al mercado que está frente a su casa y cuando venía de regreso a casa lo encontré. Me ofreció ayuda con las bolsas y empezamos a caminar, entonces le dije que qué bueno que nos encontrábamos porque justo necesitaba hablar con él y con Antonella. Me preguntó de qué se trataba y le dije: "Lucca y yo nos vamos a divorciar".

Se paró en seco y me miró con unos ojos que no conocía en él. Se le desencajó el rostro de incredulidad y con una expresión muy seria me respondió: "¡Claro que no, Eso no va a suceder!".

Su semblante empalideció en el momento en el que dejó las bolsas sobre el piso. Mi corazón empezó a palpitar fortísimo porque Alessio padece del corazón y toda la familia cuida siempre lo que le dicen por temor a que le pueda dar un infarto. En ese instante, me sentí fatal y me asusté por un momento, pero inmediatamente le dije que subiéramos a su casa y que ahí hablaríamos, tomé las bolsas del piso y empecé a caminar.

Me temblaban las piernas, me angustié de pensar que pudiera pasarle algo por mi culpa. Pero de inmediato me quité ese pensamiento de la cabeza porque de ninguna manera sería yo responsable de los males de nadie por elegir lo que es mejor para mi vida. Ese pensamiento me fortaleció, empecé a caminar con las bolsas muy decidida y, como por arte de magia, le volvió el color al rostro a Alessio.

Subimos al departamento y nos sentamos en la cocina, le serví un vaso de agua y me senté frente a él, justo en la silla donde me sentaba a platicar con él recién llegada un año y medio atrás. Donde hablábamos creyendo entendernos sin tener la certeza de que lo hacíamos.

Esta vez teníamos que entendernos a como diera lugar, así que lo miré a los ojos y le dije que lo sentía mucho, que me apenaba la situación pero que yo no podía seguir viviendo así, que ya no había nada más que hablar ni discutir. Él ya estaba más tranquilo, sus ojos se veían tristes y solo me miraba mientras yo hablaba hasta que de pronto me dijo:

—*Fatte un figlio.*

¿Qué tengamos un hijo? Mis ojos se pusieron de plato Darinka y tuve que contenerme para no insultarlo. ¿En qué cabeza cabe imaginar que un hijo podría mejorar esta situación? ¿Cómo se atreve siquiera a pensarlo?

Mis manos empezaron a temblar de nuevo mientras mi cabeza me pedía calma y contenía las palabras en mi boca para no explotar en cólera.

—*Bravo! Cosí ci roviniamo la vita in trè, una buona idea mi sembra* —le respondí en tono un poco sarcástico pero sin poder ocultar mi molestia.

Sí, así nos arruinamos la vida tres y no solo dos, ¿no? Como si el mundo careciera de personas infelices y uno tuviera que traer niños al mundo para arruinarles la existencia en medio de un matrimonio que no puede sostenerse solo, ahora le agregamos una boquita más que alimentar y un cerebro al que llenar de malas experiencias con dos padres que apenas se hablan y que no encuentran los recursos para resolver sus problemas. Imagínate si podríamos ser capaces de resolver la vida de una criatura que educar, si no podemos ni ponernos de acuerdo en qué cenar la noche de Año Nuevo.

Estaba furiosa, Darinka; mientras más procesaba su respuesta, más me enojaba y más palabras me tenía que comer para no golpear la mesa y ofenderlo verdaderamente. Mientras él seguía hablando diciéndome que los hijos unían a los matrimonios y traían alegría a las familias, yo miraba hacia la ventana por encima de él buscando algo que me distrajera.

Terminó su discurso y le repetí que no había más que hacer, que la decisión ya estaba tomada, que yo había encontrado un trabajo y que en un par de semanas, apenas tuviera dinero, me iría de la casa.

Alessio es un hombre bueno de pocas palabras, siempre sonriente y de gran corazón. Hoy me sorprendió con tanto discurso y me duele saber que les duele su hijo, pero honestamente siento que yo les importo un carajo y eso me irrita. Obviamente en la conversación salió que nadie en su familia se había divorciado, que era una vergüenza, que todo se podía resolver, que cómo podían ayudar ellos y bla, bla, bla.

La pregunta obligada es… ¿dónde estaba todo ese interés en que nosotros estuviéramos juntos mientras metían las narices en todas las decisiones que competían solo a nosotros?

Finalmente, me levanté de la mesa, tomé mis bolsas y me despedí. Alessio ya estaba tranquilo y, aunque no se veía convencido, ya no siguió insistiendo.

Cuando llegué a la casa que está unos minutos a pie, el teléfono sonaba insistentemente, pero tardé en responder porque traía las manos ocupadas. Cuando respondí era Lucca para pedirme una explicación de lo que había pasado con su papá, quien lo había llamado consternado por la noticia.

No había nada que explicar, la decisión está tomada y los demás lo deben saber. Le dije que no iba a permitir que su familia se involucrara más en mi vida y en nuestras decisiones, y que por favor les pidiera mantenerse al margen. Colgamos y yo temblaba del coraje, Darinka.

Estoy muy cansada de sentirme continuamente en un juicio bajo los ojos del jurado. Siempre sintiéndome culpable por defender mis límites, siempre sintiéndome fuera de lugar, que no pertenezco y que, aparte, no soy aceptada como soy. No hay manera de que yo pueda soportar esto por el resto de mis días y tengo la certeza de que así será si me quedo aquí.

Hasta hoy Lucca había sido una seda conmigo, como si quisiera remediar el daño y cambiar el rumbo de nuestro destino, justo ahora que la decisión está tomada. Llega a casa temprano todos los días, me trae las cosas que sabe que me gusta comer y hasta platica. El fin de semana pasado fuimos al cine, sí, como lo oyes.

Pero mi corazón ya no está con él, Darinka. Siento que su actitud viene del miedo de afrontar lo que sigue, más que de su amor por mí. No tengo duda de que su amor es grande, pero sé que no podrá bastarle para afrontar la autoridad de sus padres y eso es algo que yo nunca podré tolerar. Su familia es hermosa y no dejo de creerlo, pero yo no pertenezco a ella porque yo me he autogobernado por años y no necesito quien dirija mi destino, por eso no nos entendemos.

Alguna vez hablé con Antonella respecto al apego excesivo que tenía con sus hijos, en particular con Lucca, quien continuamente se revelaba en un intento infructífero de conquistar su libertad. Ella me respondió que sabía que a veces era extrema en su manera de controlar la vida de sus hijos, pero que no podía hacer nada al respecto, que ella era la *"Mamma"* y que no podía actuar de otra manera, debía protegerlos siempre.

Recuerdo que la conversación se acaloró un poco porque le expuse lo molesto que era vivir con alguien incapaz de tomar sus propias decisiones y hacerse responsable de su vida. Ella me confesó que cuando Lucca fue a México la primera vez después de conocerme, antes de que se fuera, le puso una carta en la maleta suplicándole que por ningún motivo se fuera a quedar a vivir allá. Cuando supo que nos casaríamos, lloró noche tras noche rogando a Dios porque Lucca no se fuera a vivir a México y cuando le dijo que se iba a quedar tres meses después de la boda allá, lloró otro tanto por temor a que le gustara y quisiera quedarse.

Todos estos recuerdos de conversaciones con los padres de Lucca me confirman que nada cambiará. No necesito más tiempo para saber que esto no funciona para mí y que, de quedarme, viviría con esa necesidad de liberarme con la que he vivido este tiempo.

Lo único bueno de todo esto es que los eventos me fortifican, son confirmaciones de que estoy tomando la decisión correcta y esta vez, en definitiva, no hay marcha atrás. Soy libre, Dari, y ejerceré ese derecho le guste al que le guste.

Mis emociones van y vienen. Paso de la euforia a la tristeza, de la rabia a la calma. Pero mi estado es bastante distinto al de los últimos meses.

Estoy emocionada por el trabajo, por el retiro en Titignano y por recuperar mi libertad. Tengo miedo a ratos porque sigo sin conocer muchas cosas aquí en Italia. Seguramente tendré que rentar un cuarto porque las rentas son muy caras y es probable que no me alcance para pagar un departamento. Todavía no he tenido tiempo de pensar en eso, lo haré cuando sepa mi sueldo y ya de ahí veré.

Ahora que fui a la FAO me emocionó mucho ver las banderas de tantos países, me encanta saber que un pedacito de cada país está dentro de ese edificio. Parece un sueño hecho realidad. Como si en aquél entonces, cuando imaginé cada detalle de la conversación de mi amiga, hubiera sembrado una semilla que hoy germina.

Pero lo que más me gusta es callarles la boca a todas las personas que me dijeron que buscar trabajo ahí era una locura, me encantó la cara de sorpresa de Antonella cuando le dije que tenía el trabajo. Yo sé que en el fondo le daba gusto, pero me entristecía mucho que no les callara la boca a sus amistades cuando le proponían que me fuera a hacer la limpieza de las casa. No porque limpiar casas no sea un trabajo digno, sino porque puedo muchísimo más que eso y me entristece que ellos no lo reconocieran y lo defendieran.

En fin, esto ya se acabó. Me voy a seguir practicando yoga.

La libertad es una conquista, no es una garantía que nos viene al momento de nacer. No obstante, aunque se nos diga continuamente que es nuestro derecho, ejercerlo es el trabajo que nos toca. La libertad no está solo en poder elegir cómo queremos vivir la vida, sino también y sobre todo, la libertad está en soltar, dejar ir todo aquello que culturalmente hemos aceptado como necesario para vivir. El apego a lo que amamos nos distrae tantas veces, nos hace perder el enfoque de lo que verdaderamente somos.

Somos seres libres que nos enredamos en nuestros quereres para justificar la razón por la cual no nos responsabilizamos de nuestras propias emociones. Parejas que no se atreven a afrontar la verdad de su fallido matrimonio por temor. Temor al qué dirán, temor a enfrentar a los hijos, temor de hacerse cargo de su vida, temor de perder los bienes económicos, temor de no volver a encontrar una pareja y temor de afrontar la vida solos.

Madres que se apegan a los hijos y los acorralan con sus desbordadas atenciones para impedir que ellos vuelen al nido con otra mujer que jamás estará a la altura de su madre. Hijos que se apegan a sus padres para evitar tomar las riendas de su vida por temor a fracasar.

Me pregunto si ahora mismo no estoy justificando mi permanencia con Ángel por temor a responsabilizarme nuevamente de mi vida. Me pregunto si no me responsabilizo de ella porque me resulta cómodo sentirme impotente. Porque al dejar la impotencia a un lado, me veré obligada a sentirme poderosa y temo que eso rompa con el *statu quo* de mi relación y que, al hacerlo, mi vida como la conozco, deje de existir.

Si pudiera mirarte en este momento, te diría que te fuiste en muy mal momento, Darinka querida. Bueno, si es que podía haber habido un buen momento para que lo hicieras, igual que nunca hubo un buen momento para decirle a Lucca que lo nuestro había acabado. Digamos que fuiste imprudente al dejarme en este estado, por decir lo menos. Esta carta me hace cuestionarme qué es eso que no estoy afrontando justamente ahora que provoca que mi cuerpo se sienta tan débil y desvalido, volviéndome incapaz de tomar las riendas y salir a la vida, encarándola.

La libertad es un estado mental que permite que seamos internamente las personas que tenemos derecho a ser para entonces ejercer nuestra libertad en el plano físico, pero nuestros propios pensamientos a veces son barrotes que nos impiden salir de esta cárcel de pensamientos negativos que mientras más se alimentan, más profundo se vuelve el calabozo.

Me sacudió leerme tan valiente, tan decidida, fue como un balde de agua helada que me gritó ¡despierta! Quiero volver a sentirme así, no me gusta creer que el estado de mis hormonas determinará por siempre mi estado general. Acepto que este es un momento difícil, pero también estoy convencida de que no es permanente.

Envejecer duele, pero resistirse a ello es seguramente mucho más doloroso porque esa resistencia se vuelve un lastre aún más pesado que cargar y hace que la liberación se retrase.

Roma, Italia, 12 de julio del 2002

¡Auxilio, Dari! ¡De verdad esta montaña rusa emocional me va a enloquecer!

Es media noche en Roma en este momento y te escribo porque necesito aterrizar de alguna manera mis emociones, además no puedo dormir porque el calor es infernal. Llegué hace dos horas de clase de yoga y Lucca no estaba, gracias a Dios.

Digo gracias a Dios porque hoy en clase me di cuenta de que me estoy enamorando muy cañón de Mattia y me siento fatal. Adoro su voz, me fascinan sus ojos y no puedo dejar de mirar su boca mientras me habla. Me siento como quinceañera, Darinka. ¡Auxilio!

Pocas veces llego temprano al centro de yoga y hoy me fui temprano porque quería dejar la carta que te escribí antes en el correo. Cuando llegué, Mattia estaba ahí, solo. Muy extrañamente no había nadie más que nosotros dos.

Le conté lo que había pasado hoy y amé cada una de sus palabras. Fueron sensatas, honestas y sin trasfondo. Me hace reír tanto. Hacía mucho que no reía así con alguien, me hacía tanta falta…

Pero te soy honesta, su presencia hace que la temperatura del ambiente se eleve demasiado, Dari, y eso ya no me está gustando, no me está gustando nada.

Me voy a dar un bañito mejor y me voy a dormir antes de que llegue Lucca y me encuentre despierta. No tengo ganas de hablar con él.

QUERIDA DARINKA

Recordar es volver a vivir. Sin duda esta carta puso una sonrisa en mi rostro, Mattia fue importante en mi vida. Primero fue un detonante que estalló en mi cara para recordarme que en la vida no hay tiempo que perder. No hay tiempo para quedarse en relaciones infructíferas y no hay tiempo para mantenerse en un estado emocional negativo. Mattia era la alegría que tanto añoraba yo en ese momento, era la risa, el optimismo y el buen humor que necesitaba recobrar para cambiar mi estado mental.

Me reí mucho al leer que estaba en una montaña rusa emocional; en ese estado vivo últimamente, pero no por la zanahoria que perseguía entonces, sino por estas hormonas que me poseen y sacan de mi boca palabras altisonantes que ni yo sé lo que significan y luego poseen mis ojos y los llenan de llanto para después explotar en risas por lo absurdo de la escena que yo misma organicé.

La risa, Darinka, qué importante es la risa para vivir.

Una de las cosas que me enamoraron de Ángel fue justamente que me hacía reír. Era torpe y descuidado, pero a mí no me importaba, al contrario, me provocaba mucha gracia. Ahora me provocan molestia sus distracciones y me enoja su torpeza. Nuevamente, ese dilema que tantas veces me cuestionaba en mi matrimonio con Lucca, ¿por qué las cosas que un día nos parecieron fabulosas, con el tiempo terminan por hartarnos?

Una pregunta de mayor calidad más bien sería, ¿cómo hacer para que la rutina y los problemas del día a día no sustituyan a la risa y el buen humor?, ¿cómo mantener el estado mental que nos permita seguir viviendo la vida como si fuera el primer día que nos conocimos?, ¿cómo ver al otro con los ojos con los que lo vimos por primera vez y no dejar que los eventos y las vicisitudes de la vida escondan el amor que sentimos por el otro detrás de las diferencias?

Mi matrimonio en aquél entonces no terminó por falta de amor. Terminó porque no supimos lidiar con los problemas, no supimos comunicarnos y, sobre todo, no supimos entendernos. En retrospectiva y después de ocho años de haber vivido en Italia, hoy entiendo que las diferencias culturales fueron determinantes. El rol de la madre en Italia es de supremacía, es un matriarcado en toda la extensión de la palabra y yo me opuse a entrar al aro. No aceptar el matriarcado es como ser hereje en la Edad Media, mereces ser ahorcado porque *"la mamma è la mamma"* y punto final. A la madre no se le opone, no se le cuestiona y no se le enfrenta.

Yo no tuve una buena relación con mi madre y a muy temprana edad me rebelé ante su mano dura y su autoritarismo. Desde muy niña quise ser y hacer mi voluntad, me autogobernaba a pesar de ser una muy buena niña educada y respetuosa de las reglas. Pero apenas me sentí acorralada por las normas, me impuse y exigí ejercer mi derecho a la libertad. ¿Cómo hubiera sido posible que me sometiera a los treinta años a una autoridad que no acepté de niña?

El origen no necesariamente es el destino, pero sí marca las pautas de lo que ha de ser el camino. Es donde recabamos la información que codifica nuestro carácter y donde reunimos las primeras herramientas para afrontar la vida. El origen es donde nacen nuestros miedos pero también donde los enfrentamos por primera vez. Es ahí donde nos levantamos por una injusticia en primer lugar y nos atrevemos a alzar la voz.

Después salimos a enfrentar la vida, reuniremos otras herramientas, recabaremos más información, modificaremos o exacerbaremos el carácter, pero lo que creció de las raíces de un olmo, jamás será un peral a menos que se extraigan las raíces y se plante semilla nueva.

La reflexión más importante que me viene en mente en este momento es que no es cambiando de marido como las cosas se resuelven. Si bien el matrimonio es una dinámica entre dos partes que puede cambiar cuando una de ellas es distinta, también es cierto que ese cambio puede suceder dentro de esa misma relación. No es indispensable cambiar de pareja para cambiar la dinámica de una relación, pero si es indispensable que una de las partes marque el ritmo para romper con el patrón.

Digamos que si ya nos cansamos de bailar tango y vamos a fuerza de pisotones, bastaría cambiar la música y que uno solo comenzara a bailar *rock 'n roll* para que el ambiente de la fiesta cambie, ¿o no?

Roma, Italia, 14 de julio del 2002

Esta semana cumplo treinta y dos años, Dari, ¿lo puedes creer?

¡Creí que no llegaba! ¡Ja, ja!

Pero aquí estoy, vivita y con un futuro brillante frente a mis ojos, pero con un ansia que no te cuento.

Hace un rato estuve con Mattia, ayer me llamó para invitarme a dar un paseo en moto hoy domingo, pero la verdad es que el horno no está para bollos y nada más de imaginar que algo pudiera pasar, me muero. Entonces le propuse que nos viéramos en algún lugar a pie, mejor.

Caminamos por un rato y platicamos de muchas cosas. Me contó que vive con su hermano porque su madre falleció hace años y su padre vive con otra mujer. Ellos se quedaron en el departamento donde crecieron y el papá se fue. Su mamá fue muy importante para él y le ha hecho mucha falta. Yo no quise decir nada, pero la verdad es que un huérfano en estos momentos es exactamente el mejor italiano que puedo encontrar, pero shhh… no le diremos nada porque no es personal.

Nos reímos mucho aunque en un momento hubo un conato de bronca medio raro que se resolvió en treinta nano segundos. Eso me gustó mucho. Mattia es muy inteligente, tiene una mente ágil que me gusta mucho porque además tiene una gran habilidad para verbalizar sus pensamientos y sus emociones. Es evidente que eso me atrae muchísimo después de vivir con alguien que no sabe lo que siente y si lo sabe, no sabe cómo expresarlo.

No quiero hacerme muchas expectativas pero a ratos me gana la emoción.

Mara me mandó con mi mamá la lectura de mi retorno solar para este año, es como lo mismo que una carta astral que define un poco tu personalidad y los eventos o sucesos importantes de la vida, pero se limita al año en curso. Se llama así porque el día de nuestro cumpleaños el sol vuelve al sitio exacto en el que estaba el día de nuestro nacimiento, por eso es el retorno del sol.

No te voy a platicar todo lo que me dice, pero lo más importante y relevante fue que me dijo que las cosas van a dar un giro de 180° en mi vida, pero que me cuide de tener un romance si no quiero divorciarme porque podría ser muy contraproducente. Claramente, ella no sabe nada de Mattia, pero la alerta me hizo frenar un poco hoy con él.

Yo no quiero un drama, Dari, no quiero salir de su casa como la puta que le puso el cuerno; he escuchado sus palabras muchas veces en estos términos cuando habla de infidelidades. Al fin y al cabo, Mattia llegó inesperadamente y justo para darme el empujón que necesitaba para salir, de ninguna manera fue la causa de mi decisión y por nada del mundo quisiera que se creyera que así es. Ya estoy con un pie fuera, es solo cuestión de tiempo.

Pero hoy fue difícil no caer en la tentación; Mattia es seductor, usa su sonrisa para llamar mi mirada hacia su boca, lo sabe porque me observa. Se me acerca siempre que no lo espero, como si buscara tomarme por sorpresa para no darme espacio a una negativa. Pero yo estoy alerta, Dari y no caigo en la tentación. No caigo aún, pero no sé por cuánto tiempo podré controlar esto.

El miércoles es mi cumpleaños y me propuso que nos viéramos, pero la verdad es que no lo voy a hacer. Ni siquiera sé lo que voy a hacer. Por supuesto, con Lucca ni he hablado de eso y creo que esta semana trabaja por las tardes; de ser así me iré al centro de yoga y celebraré con mis compañeros o me quedaré en mi casa haciendo maletas para el retiro el jueves. Veremos…

Mi cumpleaños treinta y dos parece que fue ayer y muy pronto cumpliré cincuenta, pero estas cartas me hacen ver la vida como si hubiera pasado solo un suspiro entre aquellos años y hoy; sin embargo, me sorprendo de lo mucho que he crecido. Es evidente que el tiempo y los acontecimientos no pasan en vano y que sabemos que seguimos vivos siempre que sigamos creciendo. No sé por qué la gente se quita la edad, yo me siento orgullosa de poder cumplir cincuenta años próximamente, y cuando miro atrás y veo el camino que he andado, me doy cuenta de que mi perspectiva ha cambiado y los problemas que entonces me parecían tan grandes, hoy se ven chiquitos.

    Los problemas que enfrento hoy no son muy distintos, pero me sorprendo al ver que hoy cuento con tantos recursos emocionales que, los problemas a pesar de que me hieren, no me derrotan. Sé que todo estará bien porque siempre ha sido así y aunque suene a cliché, no hay mal que por bien no venga, solo es necesario mantener los ojos bien abiertos y el corazón dispuesto a recibir la lección detrás de la derrota.

    Era honesto mi interés en terminar la relación con Lucca de manera serena. Yo lo amé de verdad y también, de verdad, nunca quise lastimarlo. El divorcio tardó muchos años en consolidarse porque en Italia, por ley, se deben esperar tres años de estar separados antes de poder solicitar el divorcio. Una locura, ¿no? Nunca entendí bien la razón, según lo que me decía la gente era porque la iglesia no admitía el divorcio y como allá el matrimonio religioso es tan válido como el civil, entonces se buscaba que en esos tres años tal vez hubiera una reconciliación que evitara la disolución del matrimonio. Nunca indagué lo suficiente, pero la vida en Italia no es fácil estando solo porque las rentas son muy caras y más de una vez escuché a quien dijera que tenía que vivir con su pareja para poder dividir el costo de la vida. Una solución que para mí era inconcebible.

    Quedan ya muy pocas cartas en la caja y empiezo a sentir como si el momento de despedirme de ti estuviera por llegar, Darinka. Pasaron seis meses entre que leí esta carta y la última anterior. Leerme me conecta contigo a pesar de ser cartas que más que un diálogo son un monólogo, una reflexión que más que un oyente, parecía buscaba una vía de escape.

No sé por qué nunca te vi cuando visité México. No entiendo por qué nunca hablamos sobre estas cartas entre que me despedí de ti en mi visita el primer año después de mi boda y la semana anterior a tu muerte, incluso llegué a pensar que nunca las recibiste. Qué divertido hubiera sido abrir esta caja juntas y repasar la historia a tu lado, oyendo tus puntos de vista, sintiendo tu calidez y escuchando tus regaños.

ROMA, ITALIA, 21 DE JULIO DEL 2002

Dari, me siento muy ilusionada por todo lo que viene, mañana es mi primer día de trabajo en Italia, lo digo y no me lo creo. Hace poco más de un año y medio que estoy aquí pero me parece una eternidad, a pesar de que los primeros meses aquí en Roma fueron lentos como un sermón. Estas semanas siento que se puso el acelerador y todo está pasando de manera hiper revolucionada.

El retiro en Titignano estuvo increíble, los maestros de yoga son estupendos y la práctica me llena de energía de una manera que es tan nueva para mí que me parece ajena. Todas las actividades fueron muy interesantes, desde practicar el Seva todos los días a la hora de servir los alimentos hasta las noches de fogata al ritmo de los tambores y los mantras que cantamos y bailamos alrededor.

Seva significa servicio y se practica todos los días, cada quien elige una actividad de acuerdo con las necesidades del grupo; yo elegí lavar los platos. Nadie quiere hacerlo y la verdad es que a mí no me molesta, así que en solo cuatro días lavé más platos que en toda mi vida. Pero la verdad me gustó sentirme útil; mientras yo lavaba, alguien más secaba, así que se nos pasaba el tiempo entre risas y anécdotas.

El día de mi cumpleaños me organizaron un pastel en el centro de yoga, pero antes de eso tuvimos una clase con un Kriya que trataba sobre el temor a la muerte. Morir no en el estricto sentido de la palabra, sino dejar de ser quienes somos para renacer dejando atrás lo que ya no nos sirve.

Al terminar, comenté que me costaba mucho trabajo entender cómo podemos dejar de ser quienes somos, entonces Guru me hizo algunas preguntas y como seguía de necia tratando de entender, me hizo hacer una dinámica con todo el grupo. Me colocó en el centro de un círculo y todos se pararon a mi alrededor, yo tenía que dejarme caer, sin poner resistencia alguna. No tienes idea lo difícil que fue ceder el control,

Dari. Bueno, seguro que si la tienes porque sabes que soy cabeza dura y que no sé ponerme en manos de nadie. Lloré muchísimo porque al principio no podía, no podía dejarme caer en manos de nadie porque no confiaba en que me sostuvieran. Fue muy triste darme cuenta de lo difícil que es para mí confiar, ceder el control, creer.

Pero mientras lloraba, Guru empezó a cantar: *"Devi Morire!!"*. Y todos cantaban junto con él cerrando un poco más el círculo hasta que empecé a rebotar de brazo en brazo al ritmo del coro. *"Devi Morire! Devi Morire! Devi Morire!!"*.

Pasé del llanto a la risa y de estar tiesa como un muerto a rebotar como si fuera de goma. Lo disfruté tanto que no podía parar de reír unas horas después cuando recordaba el evento e imaginaba mi cara de susto. Me sentí libre, Dari, me sentí desenraizada, como si me hubiera quitado un grillete del pie. Como si efectivamente hubiera muerto y renacido.

Está muy fuerte todo esto que estoy aprendiendo y descubriendo, Darinka; me sorprende cómo me cambia la perspectiva de las cosas cada vez que doy un paso más hacia adelante y me alejo de mí misma. Tal vez te parezca una fumada, pero te juro que estoy renaciendo, te juro que siento como si estuviera cambiando de piel y dejando atrás mucha basura que he cargado por años y que pasé rumiando en tu consultorio. Me siento como si hubiera cambiado de asiento y ahora veo mi vida desde otro lugar, uno más alto desde donde los problemas parecen más pequeños.

Ya no siento miedo, solo tengo esperanza. Tengo fe.

Mi cumpleaños no fue como cualquier otro, marcó un fin y un inicio. No sé si tanto yoga me está afectando el cerebro, Dari, pero veo todo como si me hubieran cambiado el chip, ¡ja, ja! Después de las risas y el llanto, comimos pastel y me regalaron unas flores.

Pensé que ya la había librado porque Mattia no estaba, pero justo cuando salí para irme con mi aventón, llegó con una rosa que sacó de la cajuela de la moto y me entregó afuera del centro cuando caminaba hacia el coche. Me pone muy nerviosa, Darinka, creo que hasta me pongo roja cuando hablamos y eso me incomoda horrible, ¡ja, ja!

Lo bueno fue que me estaban esperando y ya me tenía que ir, así que no tuvimos mucho tiempo de hablar ni de mirarnos. ¡Fiu!

Hoy regresé de Titignano en la tarde y Lucca no fue por mi porque estaba trabajando. No lo he visto desde el jueves, pero ya me da igual. Estoy tan emocionada por levantarme mañana que no sé si podré dormir.

¡Qué emoción, Darinka! ¡Qué emoción!

Devi Morire!
	Tardé en entender ese concepto que tantas veces me repitió Guru a lo largo de los años con él y que terminó por convertirse en un mantra. Morir para renacer es una frase tan trillada que se pierde la profundidad de su significado al repetirla. Creemos que solo se muere una vez sin darnos cuenta de que cada día es una oportunidad para hacerlo. Una oportunidad para dejar atrás los viejos patrones y comenzar con un código nuevo que nos permita dar un paso más hacia aquello que necesitamos convertirnos para ser quienes queremos ser.
	La muerte no es más que un pasaje y este puede ocurrir tantas veces como amaneceres en una vida. Cada día es un renacimiento, pero nos acostumbramos y nos apegamos tanto a lo que somos, nos aferramos a nuestra personalidad de tal manera que aún cuando lo que hacemos para ser quienes somos en este preciso momento, no funcione y nos provoque dolor, no soltamos. No nos damos la oportunidad de recodificarnos todas la mañanas porque creemos que al hacerlo, perderemos identidad y, sin embargo, es justo en el proceso de crear esa nueva identidad en donde más evolucionamos como individuos.
	Desde que escribí esa carta hasta ahora, viví tantos cambios y tuve que volver a empezar tantas veces que parecería obligado que hoy supiera exactamente lo que tengo que hacer. Pero la verdad es que estar sola me ayudaba mucho para moverme ágilmente. Ahora en compañía no me está resultando tan sencillo. Me acostumbré a cerrar y volver a empezar, a cambiar por completo el escenario e iniciar una nueva puesta en escena.
	Entre esa carta y hoy cambié la vida como la conocía cinco veces; hubo tantos acontecimientos que viví en una montaña rusa continua por más de diez años. Cambié de casa, cambié de trabajo, de pareja, de ciudad, de país y cada vez tuve que renacer en una nueva persona con habilidades distintas para sobrevivir a la nueva circunstancia porque las anteriores no eran útiles o necesarias. Sin

duda, aquella terapia me sirvió para ser goma y aprender a rebotar con cada empujón que recibí y no romperme si me mantenía tiesa como un muerto.

Pero nunca tuve que rebotar de la mano de alguien y hoy ya no sé si el tieso es mi marido o yo, que a fuerza de resistirme a la vida que él me propone, me estoy poniendo rígida como una roca y, por ende, estoy sufriendo. Si a fuerza de querer mantener las cosas como eran, me resisto a morir, generándome un dolor que se refleja en todo mi cuerpo. Me cuesta trabajo adaptarme a todo esto que, a diferencia del pasado, yo no busqué, no provoqué y tanto menos deseaba.

Ciertamente, la historia que viví con Lucca tampoco estaba en mi guion. Según mis planes, yo debía casarme, tener hijitos, vivir un matrimonio común y ser feliz. No obstante, la historia se cuenta distinta. Tuve que ser flexible y moldear mi personalidad según fueron surgiendo las necesidades y eso mismo era la sal de mi vida, gozaba cada cambio y convertirme en la persona que tenía que ser para sortear cada nuevo reto. Ahora me cuesta trabajo inclinarme y tocar mis pies no solo en el sentido estricto de la palabra, también en el sentido figurado. Me siento rígida, cuadrada, incapaz de rebotar y eso hace que me quede atorada en cada roca mientras desciendo por la montaña.

A ratos me enojo tanto conmigo misma porque me parece increíble que a estas alturas, con tanto conocimiento y con tanta experiencia, todavía me atore. Pero luego, cuando recuerdo el pasado como ahora mientras leo, me doy cuenta de que las circunstancias son totalmente distintas y me supongo que ese es el chiste de la vida, que aburrido sería si de nuevo repitiéramos todo con las mismas condiciones y circunstancias pero con distintas personas. Sí, efectivamente, la vida es una espiral y mientras sigamos aprendiendo, sigue siendo ascendente, el problema, como ahora para mí, es querer resolver mi problema actual con las viejas soluciones del pasado.

Devi Morire! Sí, pero debo renacer en la misma tierra, debo encontrar una nueva identidad que me funcione para mantener todas las circunstancias que sí aportan a mi vida y yo me acostumbré a tirar todo a la basura y volver a empezar. Ángel es un buen hombre, he sido feliz a su lado y nuestra relación ha dado sentido a nuestra vida, ha sumado. Todo esto es muy distinto a cualquier otra cosa que haya vivido y por eso no puedo aplicar la misma inyección para resolverla.

¿Qué me dirías si estuvieras aquí, Darinka? No deja de retumbar en mis oídos tu pregunta: ¿Tienes miedo de envejecer? Supongo que para una personalidad como la mía, envejecer también significa estancarse, quedarse inmóvil en el aburrimiento de la rutina, dejar de moverme, dejar de cambiar para quedarme conforme con lo que soy. Conformarme con lo que hay y aceptar que las cosas se queden inertes. Entonces sí, sí me viene un miedo terrible de volverme vieja.

Estoy buscando resignificar la vejez, pero hace meses descubrí que mientras duermo, me quedo completamente inmóvil en posición fetal. Esto hace que despierte muy adolorida pero por más que lo intento, vuelvo a esa posición noche tras noche. Es como si hibernara dentro de una cueva como un oso que espera la primavera tras un largo invierno.

Es obvio que estos dolores físicos que me provoca el letargo me hacen sentir vieja y me impiden encontrar otro significado al envejecimiento que no sea deterioro y aburrimiento. Trato de buscar nuevos recursos a través de lecturas pero me está siendo difícil encontrar el sentido de la vida cuando se pierde la juventud dentro de un cuerpo que se cansa solo de ir al supermercado.

Gracias a la astrología he entendido que muchos de los eventos de la vida son pasajeros, algunos son pasajes cortos dentro de pasajes más largos. Saturno, el gran maestro rudo del zodiaco, está transitando mi casa uno, la casa que representa mi cuerpo físico. Saturno el limitante, el que dice "sí, pero no ahorita", "sí, pero trabaja por ello"; justo este maestro que como los antiguos enseñantes, da reglazos en la mano para que nunca olvides la lección, está cercando mi cuerpo físico, tal vez, para que no me mueva en el sentido equivocado, para que, encerrada en mi capullo, reflexione qué clase de mariposa me quiero convertir antes de extender las alas y volar.

Todo esto mientras el planeta que representa la transición evolutiva del alma, está atravesando el punto donde da inicio mi carta astral, mi ascendente. Plutón, la muerte y la resurrección, el destructor mayor, la más grande potencia en el cosmos, está en la línea donde todo termina y vuelve a dar inicio justo opuesta a la línea donde empieza la casa de las relaciones íntimas y, es esta oposición entre la persona que quiero ser y la que puedo ser a lado de mi pareja lo que me tiene muy confusa.

Los astros me han guiado por muchos años, pero ahora siento que me tienen acorralada. Sé bien que las cosas tienen el significado que yo les dé, incluso los astros mismos pueden ser interpretados de tantas maneras cuantos seres humanos vivimos bajo su influencia, pero también creo que todo esto que me está pasando física y emocionalmente, tiene un significado que no consigo decodificar porque es tan doloroso que solo me hace odiar a ese par de ociosos que tenían que pasar a pisotones sobre mí justo cuando estoy por llegar al quinto piso. Me siento como barca en altamar y perdí la brújula en medio de la tormenta de mis malditas hormonas que me tienen con sueño todo el día, con un hambre voraz que me hace comer todo lo que mi lento metabolismo no procesa y cada día sumo más kilos de los que mis frágiles y adoloridos huesos pueden cargar.

¿De qué va todo esto, Darinka? Muchas de las cartas que he leído han sido baldes de agua fría, campanas que resuenan en mi mente recordándome que soy fuerte, que soy valiente, que he librado más batallas de las que a veces me reconozco y, además, que amo la vida por encima de todo y eso ha sido la energía que me ha hecho caminar por terrenos inciertos, sembrar donde solo había desierto, florecer en las sequías y atravesar túneles obscuros sin tener idea hacia donde conducían, con mi luz interior como única guía. Me sorprendo al recordarme tan sólida y ahora mismo siento que me rompería de un soplido y, aparte, no sé cómo ponerme en pie y dar un paso hacia la vida porque ni siquiera sé lo que quiero de ella.

No sé cuántas veces ha pasado por mi mente la idea de morir, he despertado pidiendo a Dios que me lleve, que si mi vida será como hoy por el resto de los años, no quiero vivirla. Morir nunca me ha provocado miedo, miedo me da vivir sin sentido y así me siento ahora, muerta en vida con un cuerpo que me pesa arrastrar. Perdí el manual de mantenimiento y no sé cómo repararlo porque cada vez que le meto mano, lo arruino más.

No es la primera vez que la muerte ocupa mi mente, no sé por qué en ninguna de las cartas lo menciono, pero mientras viví en Roma, antes de separarme de Lucca, pasaba muchas horas pensando en todas las maneras en las que podía acabar con mi vida. Mientras esperaba el vagón del metro, me imaginé tirándome a las vías muchas veces; cuando subí a la cúpula de San Pedro me imaginé rodando por sus curvas hasta caer en la plaza en medio de la multitud; una vez, atravesando sobre el Tíber hacia Castel Sant'Angelo, me imaginé cayendo desde el puente, golpeando mi cabeza sobre una de las bases que lo sostiene en lugar de caer sobre el agua.

Cada día, mientras caminaba por la ciudad, me inventaba un nuevo fin dramático, quería que fuera de tal índole porque la idea era que a los demás les doliera mucho, que supieran lo infeliz que era y les quedara en la mente la imagen de mi cuerpo dañado. Pensaba que así tal vez entenderían lo herida que estaba mi alma a la que ellos no podían acceder y, recordando mi cuerpo lastimado, entenderían lo mucho que sufrí. Incluso, hasta me imaginé crucificada en el Coliseo, muriendo desangrada por los latigazos; esa era mi favorita, porque ya sabes, el significado de Cristo y eso.

Morirme dormida tras tomar un bote de pastillas me parecía un mensaje poco claro y cortarme las venas era imprudente porque la sangre cuesta trabajo quitarla y tampoco quería molestar tanto. No tenía miedo de morir, lo deseaba tanto como ahora mismo, pero ya desde entonces me ocasionaba más miedo mirar al mundo desde arriba y pensar de todo lo que me estaba perdiendo por cobarde.

Por eso nunca lo hice, porque sabía que de intentarlo, lo habría hecho para tener éxito y no como esos que solo le hacen al cuento para llamar la atención de los demás y terminar quedando como idiotas dando la cara al día siguiente y teniendo que reconocer que su objetivo era estar bajo el reflector y no quitarse la oportunidad de encontrar un nuevo modo de afrontar la vida. Entonces sí, en lugar de atraer la atención de todos, habría terminado como la loca que necesita pastillas para relajarse y ese papel no me gustaba.

Ahora, a diferencia de entonces, entiendo que se puede vivir después de morir, que morir no es dejar de respirar, sino aprender a hacerlo a un ritmo distinto. Ahora sé que *"Devi Morire"* cuantas veces sea necesario para evolucionar y trascender los retos que le tocan al alma. No es necesario quitarle la vida al cuerpo para morir y renacer en la persona capaz de vencer el reto que requiere que deje atrás la piel que he portado por los últimos años. Lo sé, lo entiendo, lo asumo, solo no sé cómo, Darinka y peor aún, no sé para qué.

Roma, Italia, 26 de julio del 2002

¡Hoy cobré mi primer sueldo en euros, Dari! Ya sé, qué raro que me hayan pagado a una semana de haber empezado a trabajar, pero resulta que por ahora tengo un contrato que se abre cada día y se cierra ese mismo día. Una locura, la verdad, pero todos los días tengo que pasar a firmar mi contrato a Recursos Humanos antes de empezar a trabajar y los viernes tengo que pasar a cobrar.

Te diría mentiras si te dijera que no me importa, la verdad me provoca un poco de ansiedad este sistema, pero hoy me enteré de que así funciona aquí mientras te encuentran un lugar fijo en la Organización. Aparentemente, estoy cubriendo el puesto de alguien más que está en incapacidad y, por lo tanto, un día volverá y yo podría quedarme sin trabajo. Pero eso no va a pasar, Darinka, no voy a dejar que pase.

En las Naciones Unidas los contratos son temporales hasta después de muchos años porque la mayor parte de los proyectos existen solo por un periodo de tiempo que bien puede ser unos meses o años. De todo esto me estoy enterando ahora, pero sinceramente estoy tan emocionada que no pienso llenarme la cabeza de temores cuando lo único que necesito es tener esperanza. Así que me hago lavados de cerebro todos los días pensando que estaré ahí por todo el tiempo necesario para lo que sea que se necesite porque hoy no tengo ni idea de lo que viene en el futuro, más allá de salir de casa de Lucca.

Esta semana fue increíble pero hoy estoy muerta. Resulta que frente a la FAO hay un autobús que me lleva a unas cuadras del centro de yoga, lo malo es que salgo de trabajar a las cinco de la tarde y la clase es a las ocho. Solo hoy me fui directo para allá porque no tenía mucho que hacer en casa y porque ir hasta la casa y después volver a tomar el metro para ir al yoga, me cansó mucho el lunes y el miércoles. Así que me fui desde el trabajo y caminé un rato, me comí un *panino* en el camino y después me fui a clase para encontrarme con Mattia sentado en la mesa frente a la puerta del centro.

No nos habíamos visto en toda la semana y yo apagué el teléfono todos los días porque no quería hablar con él. No porque no quisiera, sino porque quería demasiado, ¡ja, ja! Me senté junto a él y me apoyé sobre la mesa mientras le contaba que la semana había sido pesada pero hermosa. De pronto me acarició la espalda, yo lo miré y me sonrió diciéndome:

—*I tuoi occhi parlano da soli.*

¡Me morí, Darinka, me morí! Esa caricia sobre la espalda me erizó el cuero, pero sus palabras fueron una caricia para mi alma. ¡Hacía tanto que nadie notaba mis ojos que casi lo agarro a besos! ¡Uf! Qué difícil es esto, muy difícil.

Yo solo le sonreí pero seguro mi mirada delataba mi deseo de besarlo, seguro me salieron chispas de la cabeza y, sin duda, lo notó. Pero justo en ese momento llegó una compañera con las llaves para abrir el centro, él quitó su mano de mi espalda y yo me paré de un salto que delató mi deseo culposo.

Me metí corriendo al centro como si huyera de un perro rabioso y me fui a sentar a mi lugar junto a la puerta. Mattia llegó unos minutos después y colocó el suyo del lado opuesto del salón, le sonreí y le dije:

—*Bravo! Così stai bene... lontano.*

Moríamos de risa los dos. No lo puedo tener cerca, Dari, ¡no puedo!

Cuando terminó la clase me ofreció llevarme a casa, estuve a nada de aceptarlo, pero la verdad me salvó que la chica que vive cerca de mi casa estaba ahí y también me ofreció llevarme, así que mejor me vine con ella, por el bien de mi conciencia.

Estoy muy emocionada de tener dinero otra vez, parece tonto, pero huele a libertad. Apenas es viernes y ya quiero que sea lunes, ya no quiero estar aquí ni un día más y los fines de semana se me hacen largos y aburridos. Mañana voy a ir a comprarme algo de ropa para mi trabajo, aunque la verdad el estilo de vestir es muy casual.

Desde que te vi en octubre del año pasado he bajado diez kilos y la mayoría de mi ropa me queda algo grande. Me siento tan distinta, no solo porque me veo diferente, pero también mi ánimo es de otro color ¡ja, ja! Me siento amarilla, o roja o naranja, me siento viva, me siento útil y además estoy enamorada…

¡Estoy enamorada, Dari! ¿Y ahora?

QUERIDA DARINKA

Que chistosa yo preguntándote: ¿y ahora?

La vida es tan fácil cuando uno se enamora que deberían inventar pastillas de oxitocina para mantener ese estado permanente. La raza humana sería perfecta si tan solo pudiera sostener el estado de enamoramiento desde la primera vez que tiene una carga de oxitocina. Sin duda, la práctica del yoga incrementa la oxitocina tanto como un romance, el problema es sentarse sobre el tapete cuando al hacerlo sientes que te vas a partir todos los huesos al intentar tocar tus pies y, peor aún, cuando al hacerlo se te va toda la energía que necesitas para hacer las actividades del resto del día.

He estado haciendo los ejercicios de la fisioterapia y me siento un poco mejor. También medito por las tardes para ahuyentar los pensamientos macabros e inútiles. Me siento mejor y con más claridad mental. Todo fuera tan sencillo como enamorarse y convertirse en una fuente de oxitocina ¿no? El amor es el más grande estimulante, es el por qué de todo; sin embargo, no responde a la pregunta que me hacía después de leer la carta anterior. ¿Para qué vivir? La respuesta más trillada es "para amar", ¿amar qué?, ¿amar a quién?, ¿amar cómo?

Desde que empecé a sentirme tan mal físicamente, no dejo de hacerme esta pregunta que seguramente tiene que ver con la pérdida de la capacidad de procrear que llega con la menopausia. Casi como si mi única razón de existir estuviera ligada a mi capacidad de procrear, nunca lo he creído así pero últimamente así me siento. Lo curioso es que esa capacidad la perdí hace muchos años, muchos años antes de que mi menstruación desapareciera, pero eso seguía manteniéndome femenina, seguía sintiéndome atractiva, a diferencia de hoy que siento que ni yo misma quiero mirarme al espejo, tanto menos podría alguien enamorarse de mí.

¿Y ahora?

Y ahora sí estoy jodida, Darinka, porque si yo misma no puedo enamorarme de mí, ¿cómo podría imaginar a un ser enamorándose de una medio muerta como me siento hoy? ¡Solo un necrófilo! ¡Agh! ¡Qué asco! Creo que Ángel todavía no le hace a eso, ¡ja, ja! El amor en el matrimonio es distinto al enamoramiento, este amor no mueve montañas como lo hace ese shot de energía que te da una buena inyección de oxitocina. Tampoco sostiene como lo hace la hormona cuando el deseo por alguien es incontenible.

El amor en la pareja puede apagarse fácilmente cuando no se le alimenta, cuando no se decide por él cada día. El enamoramiento es como correr una carrera de cien metros, solo hay que sostener el nivel de la energía por unos minutos. El amor es un maratón, es una caminata larga para la que hay que llegar preparados, hay que entrenar, mantener la concentración, controlar la respiración, educar a la mente y sobre todo, nunca perder de vista el objetivo.

Pero el objetivo no es terminar la carrera, sino convertirte en la persona capaz de hacerlo. La persona que no desiste, aún cuando el cansancio lo vence, la persona que no hace caso a sus pies heridos sino que aún con las llagas sigue caminando, el que cree tanto en sí mismo, que supera los obstáculos que le pone su mente cuando el sudor que corre por su cuerpo le hace creer que caerá deshidratado sobre el piso. El objetivo del maratonista es ser un maratonista, no llegar a la meta.

Y eso es el amor, una carrera larga en la que el objetivo no es llegar hasta que la muerte nos separe, sino ser la persona que ama al otro, que lo vence todo por mantenerse a su lado y convertirse en su amante. Pero amar es difícil porque implica ser paciente, ser tolerante, ser compasivo, ser perdón, ser compañero, ser amigo, ser alegría, ser apoyo, ser contenciones, ser escucha, ser presencia; en fin, ser todo lo que contiene y sostiene al amor.

Ser amante pero de verdad, no de esos que vemos en las películas, cachondos y calientes que han creado los productores de cine de todos los tiempos como un estereotipo, sino de esos que personifican al ser que ama, como definido por la Real Academia Española. Los que SON el amor, porque llevan a cabo todos los actos que amar significa y lo hacen hasta que la muerte los separa del objeto de su entrega.

Es ahí donde radica la dificultad del matrimonio, porque estar enamorado es fácil, pero amar, Darinka, amar es un arte y no porque así lo define Erich Fromm, sino porque requiere creatividad, constancia, perseverancia y dedicación como cualquier obra digna de ser expuesta. Y peor se pone cuando te dicen que amarás a tu prójimo como a ti mismo, entonces sí está cañón porque significa que tienes que amarte y que si todo eso que tienes que ser para personificar el amor no lo eres para ti mismo, estás jodido porque significa que no puedes amar a nadie.

¡Ser tu propio amante, hacerte el amor! Escuchamos esa frase y nos imaginamos cachondeándonos porque la sociedad nos ha enseñado que para amar hay que acercar los cuerpos desnudos, tener sexo y que si no lo hacemos, no amamos. Nos dicen que el acto sexual es la "consumación" del matrimonio y el matrimonio no consumado es el único que puede ser disuelto porque significa que no se ha conseguido el fin para el que fue creado, la procreación.

¿Entonces? Socialmente hemos reducido el matrimonio al simple hecho de tener hijos, ¿te das cuenta? ¿Qué queda entonces una vez que dos personas se han unido en matrimonio y han "consumado" el mismo teniendo sexo y procreando? ¿Eso es el amor, Darinka? ¿Un acto que termina cuando se ha conseguido el fin único de tener hijos?

Nos casamos cuando las hormonas están en su máximo pico, sosteniendo la vida sexual y la sonrisa, pero la vida sigue y cuando llegamos a la menopausia, perdemos el sentido porque el deseo se va, se caen todos los velos creados por estrógenos, progesterona, testosterona y algunos engaños en los que hemos caído por la idea absurda de que si no hay sexo, no hay amor y entonces, cuando los velos han caído, no nos queda más que mirar al hombre con el que compartimos la cama tal y como es. Le vemos las canas, las arrugas, la panza y hasta los mocos de la nariz que tantas veces tuvimos enfrente, pero que no pelábamos porque estábamos extasiadas por el orgasmo delicioso que nos tenía la mente en la luna.

Con la menopausia llega una visión de la vida que todavía no sé si amo o detesto. Llega un nuevo concepto del amor en donde el sexo más que sumar, estorba y no nos permite ver bien en quién nos hemos convertido. Porque por años vivimos para halagar al otro, para gustarle al otro, para complacerlo y satisfacerlo y ahora sin filtros, mirándonos también a nosotras mismas, nos damos cuenta de que la persona que fuimos, ya no es útil para el futuro que queremos. Ya no sirve esa identidad que nos creamos para mantenernos unidas a la pareja o a la familia cuando existe.

Amar no me bastó para quedarme con Lucca, corrí con él una carrera de cien metros que requirió mucha fuerza. Pero para correr el maratón que quiero correr con Ángel necesito echar mano de recursos que no encuentro porque no quiero lo mismo que quiere él y ahora que las hormonas se llevaron mi sonrisa, no sé cómo salir de la trampa en la que caemos cuando hablamos de matrimonio y ponemos en nuestra mente una cama y dos personas sonrientes haciendo el amor.

Resignificar el amor es mi tarea, encontrar nuevos motivos para amarme tal vez ayude a conseguirlo y puede ser que entonces, sea un ser más "amable" para Ángel y podamos volver a definir nuestra relación para darle una nueva dirección. Puede ser también que soltar el control y dejar que todo se rompa sin poner toda mi energía en mantenerlo unido, ayude a liberar la tensión que últimamente existe entre nosotros y que se refleja en mis brazos adoloridos.

Roma, Italia, 1 de septiembre del 2002

¿Por dónde empezar, Dari? Hace poco más de un mes que no encuentro el momento para escribirte porque la vida me está pidiendo recuperar el tiempo que pasé encerrada en casa y ahora he tenido tanto que hacer y han pasado tantas cosas que ni tiempo he tenido de procesarlas.

Creo que la última vez que te escribí apenas llevaba una semana trabajando, pues ya cumplí más de un mes y aunque lo que hago me parece un poco aburrido, lo hago con el mismo amor con el que salvaría el mundo si me pagaran por hacerlo porque gracias a ese trabajo aburrido, ¡hoy estrené un cuarto en un departamento compartido!

Sí, Darinka, por fin conseguí salirme de la casa de Lucca y por fin volví a ser libre. Apenas hoy es mi primera noche aquí y me siento muy extraña si te soy sincera. El departamento es de una chica francesa que ocupa dos de las tres recámaras que componen el departamento, además de la cocina y el baño que son espacios compartidos.

Monique es una mujer de unos cuarenta y ocho años que vive en Italia hace más de veinte. No sé mucho de ella pero lo poco que me ha contado es que trabaja en una empresa francesa, tuvo una relación con un hombre italiano hace ya más de diez años y no quiere volver a tener otra nunca más, dice. Su departamento está impecable y ordenado al grado de parecer que nadie viviera aquí. Honestamente, esto fue lo que más me gustó porque no puedo imaginarme vivir con alguien desordenado y, aunque me parece que lo suyo raya en la obsesión y tendré que cuidarme de no romper con su *statu quo*, me gusta así.

Tanto en la cocina como en el baño, cada cosa tiene su lugar, en el baño hay un clavito para cada objeto, su cepillo, su secadora, sus tijeras, todo está meticulosamente acomodado en un espacio de la pared, a la vista y en orden. En la cocina no hay ni un plato en el escurridor, la estufa está inmaculada y parece que nunca hubieran hecho ni un huevo en ella. Dentro de los estantes están los trastes perfectamente acomodados, todos de fácil acceso y a la vista apenas abres las gavetas.

Yo me mudé ayer en la tarde pero todavía regresé a dormir a la casa de Lucca quien decidió irse el fin de semana al pueblo de Antonella para no ver mientras me iba. Me ofreció ayuda y le dije que ya lo tenía resuelto porque me ayudaron unos compañeros del yoga con su coche.

El mes pasado estuvo lleno de emociones y, aunque hoy me siento aliviada, también me siento un poco triste. La mirada de Lucca cuando se despidió el viernes fue un puñal en mi corazón. Tuvimos poco tiempo para vernos y hablar las últimas semanas; más de una ocasión me pidió que me quedara, me sugirió compartir el departamento mientras yo aclaraba mi mente y juntaba algo de dinero para moverme, pero honestamente no quería engañarlo ni seguir escondiéndome cada vez que me encontraba con Mattia, pero ahora te cuento esa historia.

Unos días después de que te escribí por última vez, encontré a Antonella, quien me invitó a pasar a su casa en donde estaba Alessio. La conversación por parte de ellos era conciliatoria, empezaron diciéndome que les parecía que estábamos tomando una decisión precipitada, me preguntaron qué podían hacer para ayudarnos, que ellos me querían mucho y ya sabes, patadas de ahogado. Les dije que la decisión ya estaba tomada, que yo les agradecía sus buenas intenciones pero que nada iba a hacer que yo me retractara, yo ya había hablado con el abogado y pronto firmaríamos la separación.

Alessio se puso furioso cuando le dije que había hablado con el abogado, me preguntó que cómo me permitía ir a un abogado, ¿tu crees? Ya me da risa, a veces me parecía que pensaban que yo era de su propiedad y les debía algo. La conversación acabó unas horas después con Antonella llorando.

A mi me apena mucho porque yo los quiero bien, los estimo y agradezco muchas cosas que han venido de ellos, pero no me quedaré como el perro agradecido recibiendo el bistec aunque me agarren a palos, Darinka. Ya se acabó el tiempo en el que podían haber hecho algo. Me apena porque me doy cuenta de que son buenas personas, aman a su hijo y han vivido para Lucca y Giulia toda su vida. Entiendo que quieren lo mejor para él pero no entiendo por qué creen que él no es capaz de tomar sus propias decisiones y se entrometen en su vida como si fuera un niño. No había palabras que hubieran podido hacerme cambiar de opinión, Dari; los escuché sin discutir, pero fui firme en mi postura.

Esa noche volví a casa muy triste, no puedo entender la vida a veces. A pesar de todo, me cuesta trabajo entender lo que pasó entre Lucca y yo, pero ya no tengo ganas de buscar razones. Quiero vivir y ser feliz, pero no quiero cargar con la neurosis de nadie, ya no. Lucca es una gran persona, tiene un corazón enorme, ayuda a todo ser que ve desvalido, es noble y sincero. Pero creo que su adicción a la marihuana le ha fundido las neuronas, creo que le ha arruinado el sistema nervioso al grado de no poder subsistir sin ella. No es posible que solo puedo hablar con él cuando fuma y cuando no lo hace, vivimos a fuerza de discusiones. Siempre apático, siempre encerrado en su mundo, sin ningún interés por nada que no sea fútbol y trabajo. Yo no quiero seguir viviendo así y punto final.

Te escribo y parece que me quisiera seguir convenciendo de que tomé la decisión correcta, ¡ja, ja! No puedo negar que tengo miedo, estoy asustada, Darinka, no lo voy a negar. Pero esta vez la adrenalina me sostiene, ya no tengo miedo por no sobrevivir como lo tenía antes, ahora es como el dolor de panza que me daba cuando iba a las clases de natación de niña. A decir verdad, no sé por qué me dolía, porque una vez que llegaba al agua, no había poder humano que me sacara de ella sin que yo pegara un llanto. Y así justo me siento, no sé por qué estoy asustada porque me siento muy bien de estar aquí en este cuarto semivacío lista para empezar lo que sea que viene.

Con Mattia las cosas van muy bien, ha sido un apoyo invaluable todo este tiempo. Él me acompañó a ver los departamentos que vi antes de elegir este con Monique; la verdad solo vi cuatro y elegí este que fue el primero que había visto porque me parece que el trastorno obsesivo compulsivo de Monique, será más compatible con mi personalidad que los otros que parecían más relajados pero a la vez más sucios.

Hace dos semanas Mattia me invitó a dar un paseo en moto, era domingo en la tarde y Lucca estaba trabajando. Al principio le dije que no de nuevo, pero insistió y accedí. El aire empezaba a sentirse un poco frío y yo no calculé que necesitaba una chamarra, me salí con una camiseta y me morí de frío todo el camino hasta Torricella, el pueblo al que fuimos en donde Mattia tiene una casa de campo.

Todo el camino hasta el pueblo no pude dejar de mirar la boca de Mattia sobre el retrovisor, echaba una ojeada al paisaje y volvía al espejo desde donde él me miraba y me tocaba la pierna preguntándome si estaba bien. El casco que me llevé me quedaba grande y lo tuve que sostener para que no saliera volando hasta que llegamos a casa de su amigo que nos prestó uno para el regreso.

Fuimos a la pequeña placita del pueblo y el sol empezaba a caer cuando decidimos volver. Pero cuando me vio temblando de frío dijo que no podía soportar verme así y me pidió subirme a la moto para ir a su casa por un *sweater*. Mientras él entró por el *sweater*, yo me quedé mirando el atardecer sentada sobre un escalón; cuando volvió, me colocó la prenda sobre la espalda y recargó su cabeza sobre la mía rodeándome con sus brazos.

No puedo decirte lo mucho que necesitaba ese abrazo y lo bien que me sentó sentirme cobijada y protegida. Me rodaron varias lágrimas sobre las mejillas en señal de alivio, un desahogo que necesitaba hace muchos meses y solo en ese momento me di cuenta de ello. Su abrazo era sincero, no tenía más intención que la de protegerme; en ese momento era por el frío, pero Mattia me cobijó desde el día que nos conocimos.

Tomé su brazo con mi mano y mirando hacia arriba para encontrar su cara, le agradecí. No el *sweater*, sino el abrazo.

Me besó en la frente y me susurró:

—*Andiamo!*

Regresamos a Roma por una carretera por la que no podía ir a más de 50km/hr para que el aire frío no me congelara en el camino. Me dejó en el metro y volví a casa.

Esa noche Lucca llegó temprano porque había partido de fútbol y su equipo estaba perdiendo así que no se quedó a ver el final de la transmisión en casa de su amigo. Yo estaba preparándome algo de cenar que le ofrecí pero no quiso, así que me senté sola en la mesa mientras él se quitaba los zapatos en el sillón frente a mí.

Estábamos los dos en silencio cuando me preguntó:

—*Hai un amante?*

Casi se me atraganta el bocado que me acababa de llevar a la boca, Darinka, y tuve que fingir demencia para no delatarme sola.

—*Ovvio no! Magari!* —le contesté riendo, metí a mi boca el último bocado y tomando mi plato vacío me dirgí a la cocina.

Ojalá tuviera el valor para tener un amante mientras duermo en su casa, a lo mejor hasta resolvíamos nuestros problemas. Pero no, había estado conteniendo mi deseo por Mattia por no traer a nuestra casa la confusión que me hubiera causado involucrarme más con él.

Me alcanzó en la cocina y se paró frente a mí pidiéndome que lo mirara a los ojos. Lo miré y le repetí:

—*No Lucca, non ho un'amante.*

Se quitó del camino y me fui a acostar.

Esa semana no quise ver a Mattia para nada, hablé con él y le pedí que por favor no me llamara y no se apareciera en mi camino. Le conté lo que había pasado y me dijo que por qué estaba tan nerviosa si entre nosotros no había pasado nada. *Touché*, ¡ja ja! Me mató, Darinka, me atrapé sola en mis palabras. Nos reímos mucho pero entendió lo que le quería decir. Ambos sabíamos que solo necesitábamos una oportunidad más para que nuestros labios terminaran juntos finalmente y ambos sabíamos que yo corría un riesgo innecesario al hacerlo.

Esa semana me dediqué a hacer citas para el fin de semana para ver departamentos. Ya tenía dinero suficiente para pagar la renta del mes y el depósito, ya no tenía ninguna razón para quedarme. Tenía que afrontar mi miedo y cerrar el ciclo de una vez por todas, así que por fin me armé de valor, hice las citas y Mattia me acompañó a ver los departamentos el fin de semana pasado.

A Lucca le dije solo hasta que elegí este en Via Emmanuele Filiberto, a unas cuadras del Coliseo, a solo siete paradas del Tram y a trece minutos de mi trabajo. Ayer saqué la mayor parte de mis cosas y dormí en mi casa de casada por última vez, sola, como me sentí desde el primer día que llegué a esta ciudad.

La soledad no me ha asustado nunca, pero la soledad en compañía me aterraba tanto que al final la atraje a mi vida entonces y tal vez ahora también. No hay duda de que la energía va hacia donde va el pensamiento, terminamos siempre poniéndonos el pie cuando guiamos la energía hacia lo que tanto tememos. Esas parejas que se sientan en un restaurante sin emitir palabra entre ellos, mirando solo lo que sucede a su alrededor, esperando impacientes a que lleguen sus platillos y pagando la cuenta apenas terminan de comer, me parecen un reflejo de la soledad terrible que viven juntos.

En aquél entonces ni siquiera existían los teléfonos para distraerse, ahora al menos fingimos tener una conversación con alguien cuando en realidad lo que hacemos es deslizar el *feed* de Facebook buscando alguna noticia que nos llame la atención, casi siempre encontrando solo las fotos de las sonrientes personas que son felices, al menos en la foto. Cuando no sabemos de qué hablar, tenemos algún video para entretenernos o un meme para generar una conversación. En aquél entonces solo quedaba mirarse y sonreír.

Hacía mucho que no me sentía sola como cuando llegué a vivir a Roma, ese vacío que no se llena con nada que, de no haberlo vivido entonces, hoy me aventaría de un puente para acabar con mi vida que se siente inútil y sin sentido a pesar de tener todo por lo que trabajé tantos años. Tengo estabilidad económica, una casa propia, los viajes que siempre quise hacer, el esposo por el que me pasé siete años en tu consultorio y para lo que leí toda la literatura sobre cómo mantener una relación. Todo lo que siempre imaginé lo tengo y, sin embargo, siento que vivo una existencia completamente inútil y me siento más sola que nunca.

La soledad es un estado de ánimo, como lo es la alegría o la tristeza. No hay soledad cuando uno sabe hacerse compañía, cuando sabes que, allá arriba en algún punto del espacio, hay alguien o algo muy poderoso desenredando los hilos por ti. Lo malo es cuando nos olvidamos que aún los nudos más apretados pueden deshacerse, cuando olvidamos que también podemos reventar el lazo y liberarnos de aquello que nos duele y entonces caemos en ese espacio donde ninguna compañía basta para hacer que ese vacío se llene, ahí donde nos dejamos de divertir siendo quienes somos.

Viví sola por siete años antes de irme a Roma y jamás sentí ese vacío a pesar de llegar a casa todas las noches y solo tener a Maximiliano, quien de alguna extraña manera, siempre sabía que yo estaba por llegar y me esperaba en el balcón desde que entraba a la calle y estacionaba mi coche, una vez que yo bajaba del coche, corría a la puerta apenas oía mis pasos por la larga escalera de cuatro pisos.

Sabía estar sola pero no conocía la soledad. Siempre había alguien con quien hablar, siempre alguien a quien acudir. Me divertía mucho conmigo misma, tanto que ir sola al cine, incluso a Disney, era divertido. No necesitaba a nadie y, sin embargo, siempre había un mensaje en mi contestadora, una llamada en domingo o una invitación en medio de la semana para tomar un café. Sin duda todo esto confirma que cuando sabemos ser compañía para nosotros mismos, nos volvemos atractivos para los demás. Lo malo es cuando ni nosotros nos soportamos, nos volvemos repelente de humanos.

Aquella noche en Roma estaba aterrada. No porque me diera miedo la vida que poco a poco retomaba sentido, sino porque me atemorizaba la idea de no tomar la decisión correcta y arrepentirme unos días más tarde. Aun así, también tenía una fe ciega de que todo estaría bien. Dos sentimientos opuestos que me tuvieron despierta por muchas horas y alerta a mis decisiones por varios meses.

Aprendí entonces que no existe noche más larga que aquella en la que no se toma ninguna decisión y se queda uno en donde está por miedo de moverse y caer. Quedarse inmóvil es antihumano, es en contra de toda ley universal, es la antesala al fracaso. No tomar decisiones por temor a equivocarse es como dejar de respirar por temor a introducir gases tóxicos en los pulmones.

Todo en el universo está en constante movimiento y cuando decidimos quedarnos inmóviles, nos volvemos presas del victimismo. Nos convertimos en el blanco de la desgracia, en los "pobrecitos" a los que todo nos pasa como consecuencia de la falta de responsabilidad por nuestras acciones. Como piedras a las que moldea el viento. Es cierto que no tomar una decisión puede también ser una decisión, pero esta debe ser en plena conciencia de las consecuencias que conlleva y no solo no hacerlo por apatía o temor.

Últimamente, me siento sola y desde entonces sé que la soledad llega como un mecanismo del alma para empujarnos al lugar en donde descubriremos el nuevo plan a seguir. Un espacio en donde no cabe nadie más porque cualquier otra voz se convierte en interferencia para escuchar las ondas de la frecuencia que nos guiarán hacia nuestro póximo destino, por eso parece un lugar oscuro, porque es profundo. El sentimiento de soledad es un llamado a la introspección, al silencio donde descubrimos que es nuestra voz la única que sabe darnos instrucciones precisas sobre lo que necesitamos hacer para salir adelante hacia el póximo nivel.

Lo difícil es no rechazar ese sentimiento por temor. Cuando nos sentimos vacíos por dentro, en ese espacio en el que parece que nada sucediera, lo relacionamos con depresión y olvidamos que cualquier emoción es pasajera, que debemos seguir adelante hacia esa oscuridad porque es justo al fondo donde encontraremos la luz. Olvidamos que podemos manipular nuestros pensamientos, podemos manipular nuestro estado físico y, a través de ésta manipulación, influir en nuestro estado emocional, seguir avanzando, seguirnos cuestionando, buscar respuestas; es la única manera en la que podemos salir de ese espacio, caminando.

Pero sabiendo todo esto, Darinka, ¿cómo es que me está costando tanto trabajo salir del estado adolorido en que me encuentro?

Supongo que igual que entonces, cuando escribí esta última carta, me quedó tan claro que el orden era primordial para mí y luego fui y me casé con Ángel que es la persona más desordenada del planeta, ¡ja, ja! Pues así, a uno se le olvidan las cosas y terminamos repitiendo el patrón una y otra vez, hasta que repetirlo resulta más doloroso que cambiarlo y sucede el milagro de la iluminación. Cada vez que volvemos a tropezar con la misma piedra, nos desconectamos de la conciencia que adquirimos cuando la dejamos de patear, yo dejé de patear esta piedra hace muchos años y ahora me vuelvo a tropezar con ella como si no supiera que hay otro camino. Me falta visión hacia el futuro, perdí la brújula y solo estoy volviendo hacia atrás porque es mi lugar seguro.

Estoy justo en ese punto, Darinka. El punto en el que seguir sintiéndome mal físicamente, seguir llorando por la juventud que se fue y por el futuro que viene me duele más que caminar hacia la salida arrastrando mi cuerpo por más pesado que se sienta y buscar una nueva forma de vida. Necesito una visión que sea luz para mi alma, necesito restablecer el funcionamiento de la brújula para reencontrar mi norte.

Al final del día, todo es cuestión de perspectiva, la juventud no se mide en función de los años que se han vivido como nos ha enseñado la sociedad, sino en función de la energía disponible para vivir y esa, Darinka, puede ser generada por el movimiento, al igual que lo hace una planta hidroeléctrica, por ejemplo. Mientras esté en constante movimiento, la energía eléctrica nunca dejará de existir y aunque se transforme encendiendo un foco o transmitiendo una señal invisible, siempre es energía.

Creo que la vida es así, que la energía vital sigue fluyendo mientras no dejemos de movernos, mentalmente, físicamente, espiritualmente, crecer y florecer con cada experiencia. El cuerpo adolorido me recuerda que tengo un cuerpo y me pide que lo atienda, me pide que cuide mis pensamientos porque estos se convierten en emociones que determinan en dónde pongo mis acciones. Poner mi atención en el dolor solo me provoca más dolor que me deja inmóvil.

He sido una necia toda mi vida, muchas veces he sido criticada por ello, seguramente por aquellos que nunca han entendido mi punto de vista y no han podido superar el hecho de que no sea el mismo desde donde ellos miran la vida. La necedad puede ser interpretada como una búsqueda por convencer al otro de que lo que pensamos o creemos, es la verdad última. Para mí, es la necesidad de ejercer mi derecho de ver el mundo desde mi propia perspectiva sin ser juzgada por ello; mi derecho a defender la verdad por la que guio mi vida.

Este sistema de defensa ha sido fuente de muchos conflictos con las personas que me han rodeado toda mi vida. Al necio se le tacha de inflexible, se le acusa de locura; sin embargo, los más grandes descubridores, los más grandes genios de la historia de la humanidad, son aquellos que defendieron su verdad por encima de apedreos, de terminar encarcelados, de ser criticados y tirados de a locos. No es que yo me considere una genio, pero creo en lo que creo y la mayoría de las veces sé lo que quiero y cuando encuentro oposición me siento obligada a pasar por encima de ella si es lo necesario para defender lo que soy. No suelo pensar dentro de la caja y sé que muchas veces estoy equivocada, pero también sé que acierto y aún cuando mis aciertos son claros para todos, se me sigue apuntando con el dedo y está bien, lo asumo.

Mucho del dolor que cargo es porque el matrimonio me hace sentir que para quedarme en él necesito dejar de ser quien soy, dejar de defender mi verdad para poder seguir caminando. Como comentó Alessio alguna vez, debo ser "más abnegada" y cuando lo he sido, como ahora o como lo hice dejando mi vida en México para ir a Roma, las consecuencias siempre han sido fatales para mí.

Entonces, Darinka, ¿la otra cara de la moneda es vivir sola para siempre?

Quiero creer que existe ese punto medio en donde puedo dejar de jalonear para conseguir la libertad de ser yo misma y hacer lo que considero mejor para mí, cerca de la persona que amo. Pero para ello, no solo necesito esa nueva identidad de la que te he hablado, esa que me permita tener los atributos de la persona que quiero ser, sino también necesito convertirme en el ser "amable" que la persona que quiero sea mi pareja, podría amar incondicionalmente.

Hmmm... me acabo de asignar una tarea, como esas que me escribías tú en los papelitos de colores sobre tu escritorio.

Torricella, Italia, 15 de Septiembre del 2002

Estamos por volver a Roma Mattia y yo, pero aprovecho que se fue a arreglar unos asuntos para escribirte porque no puedo de la emoción.

No vi a Mattia toda la semana siguiente a mi última carta; entre mi trabajo, arreglar mi cuarto, ir a comprar algunas cosas, las clases de yoga y los compromisos de Mattia, no pudimos coincidir. La verdad me cayó bien este tiempo sola. Pero el miércoles me llamó para invitarme a pasar el fin de semana aquí en su casa de campo y acepté.

Pasó por mi el viernes al trabajo con un casco nuevo a la medida para mí y una chamarra extra por si no había considerado las temperaturas sobre la moto. Sus detalles me llenan los ojos de brillo, Dari; me hace sentir especial cada vez que entro en contacto con él. Subimos a la moto y el sol empezaba a caer. Efectivamente, el viento se sentía bastante frío, así que nos detuvimos para ponerme la chamarra que tan bien hizo en traer para mí.

Nos fuimos por la carretera de alta velocidad para evitar que nos cayera la noche en el camino; al principio íbamos lento, pero a un cierto punto,empecé a sentir el viento más fuerte en mi cara y cuando miré sobre el hombro de Mattia y vi el velocímetro, ¡casi pego un grito! Estuve a punto de pedirle que redujera la velocidad pero la sensación de libertad, el aire sobre mi cara, la concentración de Mattia sobre el camino y la emoción de sentirme viva, me detuvieron.

Cuando salimos de la autopista, Mattia tocó mi pierna preguntándome si estaba bien como suele hacerlo de tanto en tanto siempre que viajamos en su motocicleta. Sonreí y lo abracé con fuerza.

—*Mortacci tua! Devvo essere un po' matta per venire con te, ma sto bene, molto bene* —le respondí.

QUERIDA DARINKA

La locura es la base de la felicidad Darinka, si no fuera por esos momentos en los que perdemos la cabeza y pisamos el acelerador, la realidad de nuestras mentes acabaría con nuestro sistema nervioso. Quería gritar de felicidad, quería bajarme de la moto y danzar sobre el campo de tonos naranjas que brillaba bajo el cielo aún iluminado levemente por el sol que servían de escenario al momento en el que me sentí más libre en los últimos veinticuatro meses.

Llegamos a la casa de Mattia y no había luz; un fusible nos hizo el favor de regalarnos una noche romántica a la luz de las velas porque no hubo manera de resolverlo por la hora en la que llegamos. Afortunadamente, el problema parece ser frecuente porque había muchas velas en la casa, lo raro es que no hubiera fusibles también, ¡ja, ja! Parece que el último lo ocupó el hermano de Mattia unos meses atrás y pues nos hizo el favorcito.

Mattia comenzó a sacar cosas de los diminutos compartimentos de la moto: pan, prosciutto, queso, vino, agua para beber, café para el desayuno, mermelada para el pan y un recipiente que hasta el día siguiente supe que contenía lo que él llama *"pappone"*, un *minestrone* delicioso preparado por él que cenamos ayer. Le ayudé a meter las cosas, encendimos todas las velas que había para poder movernos por la casa mientras nos instalábamos cada uno en un cuarto, pues sí, teníamos que ponerle misterio al asunto, ¿para qué dar todo por sentado, no? Cuando terminamos de acomodarnos, nos sentamos a cenar en la mesa por donde se asomaba la luz de la luna llena y esplendorosa que nos acompañó el fin de semana completo por si necesitábamos todavía más magia.

Me divierte tanto la conversación con Mattia, adoro su inteligencia y su curiosidad. Es carismático y sabe que me encanta mirarlo porque sus gestos son exagerados y eso me hace reír. Hablamos de todo y nada, de su familia, de la mía, su trabajo, mi trabajo, el yoga, Dios, la espiritualidad, en fin; la noche se alargó entre una copa de vino y otra y un flujo constante de palabras que terminaron cuando me invitó a mirar la luna en el jardín.

Me senté de nuevo en el mismo escalón donde me abrazó hace unas semanas y esta vez se sentó a mi lado y me abrazó cariñosamente, retiró mi cabello que se interponía entre su boca y mi mejilla y me dio un beso.

—*Grazie* —Me dijo acariciando mi cabeza.

En ese momento no pregunté por qué me agradecía él a mí, siendo que soy yo quien ha recibido tanto de su parte, pero no pude contenerme más, lo miré con los ojos llenos de lágrimas y lo besé.

No había deseado tanto un beso y no he agradecido nunca un abrazo como el suyo esa noche. Me sentía deseada, protegida, sentía que no había nadie que se interpusiera entre nosotros, éramos solo él y yo.

Fue un beso largo, de esos que me encantan, de los que son comunión, presencia absoluta de dos personas en un acto que tiene el mismo significado para los dos. No hubo palabras que interrumpieran el lenguaje de nuestros labios mientras las caricias hablaban por sí mismas.

Pero no, Darinka, la noche no terminó a la mañana siguiente metidos en la misma cama con la duda de haber hecho lo correcto. La noche terminó cuando nos fuimos a dormir cada uno en su cama tras largos besos sobre la hamaca y tiernas caricias. El día siguiente empezó con flores recién cortadas del jardín, una taza de té, un pan tostado con mermelada sobre la mesa y la novedad de que ya teníamos luz y, por lo tanto, agua caliente para darnos un baño e irnos a dar una vuelta al campo. Pasamos un día espectacular caminando entre los olivos toda la mañana, paseando por el pueblo en la tarde y escuchando música de los ochenta hasta el amanecer entre risas, bailes sobre el sillón con la botella de San Pellegrino como micrófono y besos, muchos besos entre cada canción.

Esa noche dormimos en la misma cama y despertamos sonrientes para pasar la primera hora del día abrazados, discutiendo entre risas y caricias, sobre quién de los dos era mejor practicando yoga, quién era más desentonado cantando mantras y a quién le salía peor la pasta con pomodoro. Le agradecí todos sus detalles y cuidados, le dije lo afortunada que me siento por haberlo encontrado y también lo liberé de toda responsabilidad si lo nuestro no funcionaba. Nos levantamos y caminamos hasta la plaza para sentarnos a desayunar y volver a la casa para empacar e irnos.

Hicimos el amor todo el fin de semana, Darinka; desde que llegamos hubo fuegos artificiales que se veían desde Roma. Mattia penetró mi alma acariciando mi mente el fin de semana entero, sin tocar mi cuerpo me hizo vivir en un orgasmo contínuo para volver hoy a casa más enamorada que nunca.

¡No me he sentido tan viva en años como me sentí este fin de semana! Estoy agradecida con Dios y con la vida, estoy ilusionada por lo que viene que no tengo idea lo que será, pero sé que es lo que pedí estos años de oscuridad. Es luz, es esperanza y es vida.

No quiero arruinar este momento con preguntas sobre lo que vendrá, quiero disfrutarlo tanto que no quiero dejar que mi mente rompa con la armonía del mejor fin de semana que he pasado en años. Quiero vivir aquí y ahora. Solo aquí y ahora.

Vivir solo aquí y ahora, sin temor, sin juicio, qué difícil resulta a veces ¿verdad?

Se necesita disciplina, educar a la mente, dominarla, tenerla quieta y aprender a callarla cada vez que comienza a rumiar y descuartizar el momento que estamos viviendo para sacarle las entrañas y terminar demostrándonos por qué tenemos que tener miedo de lo que sigue. Para poder dominar el arte de la vida, el ingrediente principal es estar siempre tan bien plantado en el presente con una concentración tal, que no exista viento o marea capaz de despeinarnos mientras mantenemos el equilibrio.

Estas frases cliché tan trilladas, como otras que he mencionado, que ya no desmenuzamos para entender –vi-vir a-quí y a-ho-ra–. Qué bien haríamos en enfocarnos cada día en lo que estamos haciendo, la manera en que reaccionamos y las emociones que nos generamos con nuestros pensamientos. Si lo hiciéramos, cuántas discusiones evitaríamos, por ejemplo, cuando nos llenamos de rabia porque lo que estamos escuchando no nos gusta y en lugar de retornar a la razón que nos tiene frente a la persona, nos enfocamos en lo que nos está diciendo que encontramos poco agradable.

Ese fin de semana con Mattia fue mágico porque ambos sabíamos que no tendríamos la oportunidad de otro igual. El primer beso, la primera noche juntos, la primera caminata, el primer despertar en sus brazos, nunca más habría un fin de semana igual a ese porque aunque pudiéramos ser capaces de crear magia juntos en el futuro, la ilusión de la primera vez es irrepetible. ¿Cómo podemos sostener esa ilusión? ¿Cómo podemos hacer para que ningún día sea igual que el anterior y que cada día rememore la magia de la primera vez?

Esos días fueron increíbles porque no había expectativa de nada, no sabíamos qué esperar y no buscábamos certezas, solo queríamos estar juntos, abrazarnos todos los abrazos que habíamos contenido por meses. Mattia fue el hombre que yo necesitaba que fuera y yo fui la mujer que él deseaba. Mattia fue el espacio seguro en donde me sentí vista y escuchada, pude abrir mi corazón y mostrarle mis sentimientos. Mattia era mi héroe, el caballero con capa y espada que me rescató y lo único que yo podía hacer era reconocerlo por todo lo que él había hecho por mí.

La fórmula perfecta de la relación en pareja. El hombre que se siente reconocido y libre frente a su mujer abierta al amor a quien escucha y admira. ¿No es eso todo lo que buscamos hombres y mujeres en la pareja? Si es tan simple, ¿por qué nos cuesta tanto trabajo sostenerlo cuando entramos en la rutina y con el pasar del tiempo, los hombres se alejan, las mujeres criticamos, educamos, exigimos y ellos dejan de mirarnos para escuchar nuestra voz como un zumbido en la oreja tan molesto como el de un mosco en una noche calurosa?

Yogi Bhajan, el gran maestro de Kundalini Yoga, decía que el niño se vuelve hombre cuando se compromete con una mujer. Pero el compromiso no sucede cuando le entrega el anillo, sino cuando está listo emocionalmente para responder a las necesidades básicas de la mujer que son: sentirse protegida, saberse vista y escuchada. De la misma manera, el hombre se entrega a la mujer cuando no se siente criticado o controlado y siente la apertura emocional y física de esta, cuando la mujer es inspiración y guía.

Pues sí, son solo tres pequeños aspectos que atender, ¿no? Suena muy fácil, pero luego viene la realidad. Con Lucca nunca me sentí ni vista ni escuchada, mi palabra era igual a cero y se enteró que había perdido 10 kg cuando tuvo que pagar la costurera que arregló toda la ropa que necesitaba reducirse tres tallas. Yo lo controlaba todo el tiempo con sus arranques de ira y su incapacidad para mantener el control de su neurosis fuera de la influencia de la marihuana. Las críticas constantes a su manera de operar, a su dinámica familiar y su falta de interés por la vida sin duda apagaban el deseo y esto terminó por cerrar las puertas a la intimidad.

¿Cuál fue el error? El error estuvo en mi departamento de selección, no revisé la descripción de puesto correctamente. Lucca no llenó la solicitud porque de haberlo hecho, mi departamento de contrataciones la hubiera leído y se habría dado cuenta de que no cumplía con los requisitos, ¡ja, ja! A la tierna edad de veintiséis años que fue cuando conocí a Lucca, mi único enfoque estaba en su acento italiano y sus ojos de borreguito a medio morir que me miraban con mucha ternura. Solo pensaba en lo bonitos que serían mis hijos si sacaban las pestañas de su padre y su color apiñonado que se bronceaba apenas lo tocaba el sol.

En aquél entonces, las hormonas al máximo de su esplendor, nublaban mi vista e impidieron que viera el escenario completo en donde todo lo que imaginaba, se llevaría a cabo. Me casé con la absurda creencia femenina de "cuando nos casemos, yo lo voy a cambiar" que es el móvil de muchos matrimonios fallidos.

Tan importante es elegir a la persona correcta, como lo es reconocer el escenario en donde la historia se va a desenvolver, porque dicen que uno se casa con la familia y yo no lo creía hasta que empecé a ver que Ángel tiene dislexia como su madre y confunde los nombres de las personas igual que lo hace ella. Acto que me apena frecuentemente tanto como a él le apena con su madre, pero la familia es tan importante que llega a dormir en la misma cama de la pareja aún cuando ni siquiera esté su cuerpo presente. Porque la genética rebasa lo imaginable y frecuentemente, hasta la manera de afrontar las responsabilidades es hereditaria.

Entonces ¿nos quedamos solteros para siempre?, ¿o aceptamos a las personas como son y aprendemos a elegir "con tino" como bien decías tú, Darinka? Aprendemos y entendemos que lo único que puede cambiar es la manera en que vivimos las experiencias y cómo respondemos a ellas y de una buena vez por todas, nos grabamos en la mente que los cambios en las personas solo pueden venir desde sí mismas, nunca porque nos convence alguien y tanto menos porque nos manipula o extorsiona. Cambiamos cuando queremos, cuando cambiar nos otorga un beneficio mayor que permanecer como estamos y somos conscientes de ello.

ROMA, ITALIA, 1 DE NOVIEMBRE DEL 2002

Espero que a estas alturas te hayas dado cuenta de que "*no news, good news*", Dari. Han pasado varios meses desde mi última carta porque desde entonces, mi mundo no deja de girar a más revoluciones por minuto de lo que consigo procesar.

La semana pasada me dieron mi primer contrato por un año en la FAO, ¿lo puedes creer? Apenas hace tres meses me angustiaba porque no tenía idea de lo que sería de mi vida y hoy ya tengo trabajo seguro por un año. Resultó que la chica a la que estaba cubriendo temporalmente no va a volver al trabajo pronto, entonces abrieron el concurso para reemplazarla y obviamente tuve algo de ventaja porque yo estoy haciendo su trabajo desde hace unos meses. Mi jefe me recomendó y resulté la elegida para un contrato de un año que me permitirá ahorrar y tomar decisiones para el futuro.

Desde que salí de la casa de Lucca no había vuelto a hablar con él hasta la semana pasada que le llamé para preguntarle si me podía dar el edredón de plumas que nos regaló Antonella y que tanto odiaba él, pero que para mí fue una gran bendición durante el invierno. Me avisó que podía pasar cuando yo quisiera, que yo tenía llaves de la casa, que no me preocupara si él estaba o no. Fui el martes que no tenía yoga, estuvo muy raro entrar a la casa, todo estaba tal y como lo dejé, salvo que todas las cosas de Lucca estaban en la recámara pequeña, no en donde dormíamos juntos, sino en la otra.

Cuando lo llamé para decirle que ya lo había recogido y agradecerle que me lo diera y me dejara entrar sola por él, le pregunté curiosa por qué no dormía en la cama grande y me respondió que no soportaba estar en ese cuarto solo, por eso lo mantenía cerrado. Me contó también que cuando me fui, creyó que al regresar del pueblo de su madre habría encontrado la casa vacía, le sorprendió encontrar que solo me había llevado mi ropa y mis libros. La verdad es que me sentí un poco ofendida al principio porque yo jamás me habría llevado algo que no me perteneciera. Aunque a decir verdad, todos los muebles de esa casa eran tan míos como suyos, igual que muchas otras cosas, pero yo no los compré y no siento que me pertenezcan. Aparte, me vine a vivir a un cuarto, ¡ja, ja! ¿Dónde hubiera podido meter tanta cosa?

El caso es que, entre otras cosas, me sorprendió que él no quisiera dormir en la que fue nuestra recámara, honestamente nunca me imaginé que hubiera tenido algún sentimiento de tristeza, creí que se habría sentido aliviado y me sorprendió darme cuenta de que no fue así. Yo lloré tanto antes de irme que no he tenido más lágrimas para él, sé que hice lo correcto y a pesar del dolor que ha implicado, estoy en paz con mi decisión.

En otro tenor, hace un mes empecé el entrenamiento para convertirme en maestra de yoga. ¡Está increíble! Estoy super emocionada porque justo dura un año, así que me dará tiempo de acabarlo si es que no me renuevan mi contrato. Sigo practicando hasta cinco veces por semana, además de las meditaciones diarias que practico por cuarenta días y me baño con agua fría todas las mañanas para mejorar la respuesta de mi sistema nervioso, ¡pero lo mejor es que me siento muy bien por eso!

No me da nada de flojera como me pasaba con otros ejercicios, me llena de energía hacerlo y cero me implica un sacrificio; al contrario, lo gozo demasiado. Con lo que sí no puedo es con la levantada a las cuatro de la mañana; tú me conoces, Dari, nunca pude ni con la clase de siete en la universidad, me quejé cuatro años seguidos. Ahora estoy pagando mi Karma porque es obligatorio para conseguir la certificación y no me puedo ni quejar, ¡ja, ja!

Recibí mi nombre espiritual esta semana, el Siri Singh Sahib me dio el nombre de Jiwan Mukta que significa Liberada en Vida. Me encantó pero a la vez me sentí con mucha responsabilidad encima. La liberación última es la muerte, lo que significa es que debo morir en vida, por eso lo repito todos los días para conectar con él con la fe de que un día seré capaz de doblegar mi ego, soltar a la persona que creo que soy, actuando no para ser reconocida u obtener alguna recompensa terrenal, sino siguiendo el propósito de mi propia vida, desprenderme de todo lo que me une con la tierra dejando a un lado la dualidad y ser libre… en vida. Más fácil decirlo que hacerlo, pero supongo que si Yogi Bhajan me nombró así, será porque soy capaz de encarnar lo que este nombre significa, así que me siento honrada y curiosa por cómo lo conseguiré. ¡Lo bueno es que supongo que si lo tengo que encarnar, seguiré viva hasta que lo consiga y viviré todavía más tiempo, ja ja! ¡No veo el día!

Con Mattia estoy bien, me hace mi "*pappone*" todas las semanas y me lo trae porque dice que le hace bien a mi estómago. Es muy cariñoso y siempre tiene detalles conmigo, hablamos sin parar y nos reímos siempre de todo, incluso de nosotros mismos que somos tan distintos que más no se puede, también discutimos a veces, pero hasta cuando lo hacemos, terminamos riendo. Por ahora estamos bien, vivimos al día, no hacemos planes y gozamos los buenos momentos.

Nos vamos juntos al yoga cuando podemos ir los dos, los fines de semana vamos a Torricella y nos apapachamos sin parar o nos quedamos en la ciudad para ir al curso de enseñantes al que él también se inscribió. Mattia le cae muy bien a Monique, así que nos sentimos cómodos todos de que venga a cenar de vez en cuando a la casa, cosa que ha facilitado mucho la convivencia en general. Yo con ella me llevo bien, he aprendido a entenderla y aunque hablamos poco porque nuestros horarios casi no coinciden, no tenemos conflicto alguno.

Tomé el primer nivel de Reiki hace un par de meses y desde entonces voy una vez a la semana al centro de meditación en donde hice el curso. También algunos fines de semana voy a los eventos que se organizan para practicar Vipasana, la meditación que enseña mi maestra de Reiki. Ella me ha empujado mucho a meditar, al principio me costaba mucho trabajo, me distraía con todo, abría los ojos cada minuto para ver si los demás los tenían cerrados, se me hacía eterno el tiempo y muy frecuentemente mi mente divagaba entre los pendientes del trabajo y la inmortalidad del cangrejo, pero un día a fuerza de practicarlo diario, lo conseguí y me fui al infinito.

Fue una sensación increíble, Darinka, un vacío que provoca una paz que no te puedo explicar y al terminar, una lucidez y un estado de alerta muy distinto al estado de alerta de cuando estamos en modo reptiliano, solo sobreviviendo. Como si los colores fueran más brillantes y yo pudiera ver a mi alrededor cosas que antes me pasaban desapercibidas, pero al mismo tiempo, las miro sin que mis pensamientos quieran describirlas. Dirás que estoy loca, pero desde que practico Vipasana todos los días, la gente me sonríe más. ¡Te lo juro! ¿Será porque estoy de mejor humor y más sonriente? ¡No, no creas, ja, ja!

Me gusta mucho mi vida aquí, Dari; estoy disfrutando cada momento, conociendo gente hermosa, he hecho varios amigos en la FAO y me encanta reunirme con ellos a la hora de la comida en la terraza del comedor que tiene una vista espectacular al Circo Massimo y toda Roma. Nos reímos mucho hablando en tres o hasta cuatro idiomas a la vez, la gran mayoría somos extranjeros y cada vez que no encontramos la palabra que queremos decir, hablamos algún otro idioma y por ahí del otro lado de la mesa, alguien avienta la palabra en italiano y todos reímos. Sucede casi diario y ya hasta hacemos bromas al respecto, decimos que hablamos "Faoglish"; lo importante es que nos entendamos y lo hemos hecho bastante bien.

Las papas fritas del comedor son una delicia, pero hicimos un trato de que solo los viernes era el día para consumirlas, porque todos los días había alguien que las llevaba a la mesa que empezó siendo una mesita para cuatro y ya estamos en cuatro mesas ocupando media terraza. Así que para no andar picando papas fritas diario, establecimos que solo el viernes toca pecar, entonces se llena la mesa de papas fritas y postres, que también prohibimos el resto de la semana. La gran mayoría son más de cinco años menores que yo, pero me divierten mucho y me hacen sentir más joven. Nadie cree la edad que tengo, es muy extraño, de joven siempre me calcularon más años y ahora creen que ando por los veintes. ¡Por mí, perfecto!

Todos los viernes después del trabajo, se van al bar a tomar el aperitivo, yo he ido un par de veces pero la verdad es que no me dan ganas de tomar alcohol, mucho menos antes de ir a clase de yoga. Me hacen burla y me saludan haciendo "oooommm", ¡ja, ja! Pero me da igual, es evidente que cinco años o más, se notan en ciertos momentos cuando se establecen las prioridades; para mí lo más importante es seguir trabajando en mí para sentirme así como me siento ahora. El alcohol no me hace ese favor, sino todo lo contrario, cuando tomo no puedo ni practicar bien, así que me hago mensa y me desafano.

Todo esto suma a mi felicidad aquí, me río mucho y eso es algo que me hizo falta los primeros años en Roma. No sé qué vendrá, Dari, pero tomo la vida día con día. Hoy estoy bien aquí. Me gusta mucho mi vida. La gente en la FAO va y viene, la mayor parte del trabajo está ligada a algún proyecto que tiene una fecha de inicio y un final; cuando termina el proyecto, la mayoría se va. Me ha pasado con un par de personas con quienes hice buena relación y se fueron unas semanas después. Supongo que es parte de la terapia que me toca en este momento: vivir aquí y ahora.

Otra cosa que me ha encantado es conocer las historias de los extranjeros aquí en Italia. Es sorprendente que la gran mayoría llegaron a Roma por amor, ya sea porque conocieron a su pareja en algún otro lugar y vinieron con ella a Roma o porque vinieron a Roma por otro motivo y terminaron emparejados con un romano o romana. Esto me llama la atención, pero a la vez me ha dado mucho alivio saber que todos y todas han pasado por una crisis existencial al inicio de su estancia en Italia.

Me ha llenado de paz encontrar que a muchos les molestan las mismas cosas que a mí, como la mala educación de los empleados en las tiendas y el hecho de que te avienten el dinero en el platito. Me alivia saber que no soy una inadaptada criticona que no es capaz de aceptar las cosas como son, me siento normal desde que llegué aquí y encontré a tantas personas que ven el mundo como lo he visto yo los últimos dos años.

Hay mucho que amo de trabajar aquí, desde llegar y ver las banderas de tantos países ondeando sobre la acera todas las mañanas, hasta escuchar idiomas que no conocía sobre los pasillos. Saber que estoy en un territorio que no es italiano durante ocho horas al día, me llena de orgullo y me da paz también. Es como si pudiera olvidarme del cambio aventado en el platito y de las cosas que no me caen bien de los italianos, al menos por unas horas.

En el centro de yoga son todos italianos y eso me reconecta con el lugar en donde vivo, sigo conociendo la cultura que tiene una buena parte que me fascina y me llena de curiosidad. Pero la disfruto más porque no se me impone y la vivo cuando quiero. Respeto Italia, respeto Roma; hay tanto que amo, pero también mucho que si cambiara, ayudaría a hacer la vida más llevadera para todos, no solo para los extranjeros. Si todos fueran más amables y más sonrientes, un poquito más empáticos, seguro la vida aquí sería mucho mejor.

He estado estudiando mucho la numerología y me tiene fascinada, es increíble la información que te puede dar la fecha de nacimiento de una persona sobre su personalidad, su pasado y su futuro. También se puede aplicar para obtener un pronóstico de algún evento, por ejemplo, o hasta para saber si dos personas son compatibles o no. Esa es la parte que más me divierte; he hecho varios pronósticos y he acertado bastante con mis amigos del trabajo. Ojalá en la escuela me hubieran dicho que también para esto sirven los números, ¡otro gallo me hubiera cantado! Desde que descubrí que los números también sirven para cosas que sí me importan, todo lo reduzco a un número, ¡ja, ja!

Mañana tengo una consulta con un astrólogo que utiliza la astrología védica, un sistema distinto al de Mara que tengo muchas ganas de conocer. Estoy super emocionada y fascinada con todo lo que estoy aprendiendo sobre mí, sobre la vida y la conciencia, Darinka; jamás creí que el esoterismo podría fascinarme tanto, que la espiritualidad se convirtiera en el centro de mi vida. Es más, todavía me acuerdo una vez que me llevaron a leerme las cartas y la señora me dijo:

—¿Tú que haces aquí si no crees en esto?

Y así era, yo no creía. Pero entender lo que se esconde detrás del lenguaje infinito de los símbolos, de los astros, de los números, del inconsciente, me tiene vuelta loca. Me siento a veces como si estuviera develando misterios continuamente y ¡me encanta! Es impresionante que las respuestas a todo lo que queremos entender puedan estar en cualquier lugar, como en las runas, el I Ching, el tarot, las cartas astrales, ¡la mano! ¡En la palma de nuestra mano! Y tantas veces nos volvemos locos tratando de entender por lo que estamos pasando y cómo resolverlo cuando las respuestas están ahí, en nuestras narices.

Todo esto me hace creer que hay una fuerza muy grande y muy poderosa que quiere que nosotros nos descubramos, que dejemos de vivir en la penumbra, en la superficialidad de las cosas y vayamos al fondo donde, debido a la oscuridad, el oro brilla más intensamente por su propia luz. Las respuestas que buscamos solo están esperando que hagamos la pregunta justa para manifestarse delante de nuestros ojos e iluminar nuestra existencia, como en una película de ficción; es fascinante.

No sé para qué estoy aprendiendo todo esto, además de para ver una luz que antes no veía y convertirme en "Jiwan Mukta", ¡ja, ja!. Sé que poco a poco se develará el misterio de la vida frente a mí y eso me llena de amor, de esperanza y de ganas de vivir. Aprendo algo todos los días y todos los días me maravillo por lo mucho que aún me falta por entender. Me siento muy agradecida porque, aunque el camino ha sido complejo y por momentos creí que no vería la luz, hoy me siento en un nuevo espacio con muchos ánimos para seguir adelante. Pase lo que pase sé que contaré con los recursos para enfrentar lo que viene. Mi plexo solar se siente luminoso, más luminoso que nunca. Tengo fe, Darinka, como tú en la Virgen de Medjugorje, ¡ja, ja!, ¡tengo fe!

No sé cuándo recibirás esta carta, pero hoy es tu cumpleaños y quiero que sepas que siempre estás en mis pensamientos, que siempre hay algo que me lleva a nuestras conversaciones y a la manera tan tuya de guiarme hacia mis respuestas. Nunca olvido cuando me "iniciaste" en el esoterismo haciéndome leer al Conde Saint Germain que tan raro se me hizo al principio y, hoy en día, sigo repitiendo sus grandiosas frases y hablándole a la amada presencia "yo soy en mí", ¡ja, ja! Cuántas cosas han pasado desde entonces, Dari, ¿te das cuenta? Te abrazo en la distancia y deseo para ti un gran año, tan grande como sé que será el mío gracias a todo lo que me ha sido develado, todo lo que gracias al trabajo que inicié contigo, te he podido compartir. ¡Feliz Cumpleaños, Darinka! Que la vida te llene de bendiciones hoy y siempre y nos dé la oportunidad de volver a abrazarnos.

Durante algunos meses más necesité la guía de los símbolos para sentirme segura al caminar, hasta que un día los solté. La fe y la confianza en mi intuición sustituyeron los libros, las cartas, la búsqueda incesante de respuestas a mi infinito flujo mental de preguntas. También se calmó mi mente que por fin se hizo uno con mi cuerpo devolviéndome la congruencia. Encontré un propósito y este me mantuvo andando, me sentía guiada, la soledad no volvió hasta hace dos años cuando creí que lo tenía todo. Perdí de vista que vivir sin propósito es como si bajáramos el *switch* y esperáramos que las luces de la casa permanecieran encendidas.

Ángel se convirtió en mi único propósito, mantenernos juntos era lo único que me importaba y olvidé darle mantenimiento a mi espíritu. Me volví incongruente, mi mente deseaba salir de la ciudad a la que tanto amo pero que tan poco tolero, mi cuerpo estaba atado a un matrimonio que desgastaba toda mi energía tratando de arrastrarlo de regreso a la vida fuera de la ciudad mientras que mi espíritu se debilitaba perdiendo el sentido de la vida. No había congruencia y se me apagó la luz.

Cuando partí hacia Italia en el 2000, mi abuela empezaba a enfermar y a veces perdía la noción del tiempo, al despedirme de ella me expresó:

—Obedeces —y me dio la bendición. Yo asentí muy seria y apenas salí del cuarto me reí preguntándome qué pensaría para darme esa indicación. ¿Obedeces a... tu marido? Lo dudo, porque mi abuela fue siempre una rebelde y la obediencia marital no fue su fuerte. Su sugerencia me quedó muy grabada en la mente y hasta muchos años después, cuando la vida me puso de rodillas una y otra y otra vez, entendí que su consejo era el mejor que me hubiera podido dar. La obediencia ante las fuerzas de lo que no podemos cambiar, resulta la mejor herramienta para mitigar el sufrimiento. Es un acto que implica voluntad al sometimiento, es la voluntad de hacer la voluntad de otro, y cuando toca navegar bajo la tormenta, la obediencia elimina la resistencia y mitiga los daños. Bajar las velas y permitir que la barca se mueva con las olas agitadas del mar, puede ser la salvación de la barca y por ende de quien la guía.

La fe mueve montañas, otro cliché que utilizamos frecuentemente sin entender que la confianza en Dios y sus planes, que a veces no son los nuestros, es lo más importante para que la fe haga el milagro de mover la montaña. Jesús no anunció "la fe cambia personas" o "la fe hará que la vida sea tal y como la imaginas", pero acomodamos las frases a modo para quitarnos de encima la responsabilidad de hacer de lo que tenemos, lo mejor. Nos gusta ser víctimas, mártires de las circunstancias y tirarnos al drama para darle la vuelta a la imperante obligación de tomar las riendas de nuestras vidas.

Mi vida cambió por completo en los años que siguieron a esta carta. Por más de dieciocho años no paré de vivir experiencias trascendentales que me develaron una verdad tras otra y que terminaron por doblegarme ante la voluntad divina que tan claramente está escrita en mi carta astral y que se interpreta del mismo modo si me leen las runas, la numerología, el tarot o la mano.

Por años me dediqué a mirarme a través de todos los medios posibles, desde todos los ángulos. Acudí con astrólogos en distintos lugares del mundo, me leí el iris del ojo, eché cientos de tiradas del tarot, consulté adivinos y chamanes, hice terapias alternativas con terapeutas de distintas disciplinas y todos, sin excepción, me dieron siempre las mismas respuestas y me indicaron la misma dirección. Aprendí a bajar la cabeza y obedecer la voluntad suprema de Dios, del universo, las estrellas o lo que sea que mueve los hilos para encaminarnos hacia el destino para el que hemos sido creados. Entendí que la obediencia no es una debilidad, sino un recurso inteligente del que sabe que de no someterse a la voluntad del otro, pone en riesgo su vida.

Aquella vez cuando me leyeron mi carta astral de acuerdo con la astrología védica, me dijo el astrólogo que yo vivía un periodo o Mahadasha de Rahu que duraría dieciocho años y apenas había empezado meses atrás. En esa lectura me reveló que viviría por muchos años fuera de mi país porque Rahu representaba los viajes de larga distancia y las relaciones con extranjeros, también representaba la soledad o el aislamiento fuera de la tierra natal. Me explicó que una de las características más importantes en cuanto al estado de ánimo era la ansiedad continua.

Durante ese periodo largo de dieciocho años podía tener muchas pérdidas materiales, muchos cambios de casa porque el tema de mi carta astral en general, tenía mucho que ver con la casa física. Este período me llevaría a hacer muchas cosas que nunca había hecho y que ni siquiera imaginaba, inclusive. Era un periodo para quemar karma del pasado y, por ello, los recuerdos de la infancia eran importantes porque era tiempo de sanar heridas sobre todo que hubieran sucedido alrededor de los ocho años.

Me fui para atrás con tantos aciertos sobre lo que me estaba pasando en esos momentos; me sorprendió mucho todo el tema de los viajes astrales y los recuerdos que me posicionaron tantas veces a la edad de ocho años cuando empecé con la revolución interna que me llevó a iniciar el camino de las señales "ocultas". Lo pongo entre comillas porque las señales son más que evidentes para todos los que queremos verlas, basta creer para ver.

Pasaron los años y tuve otras tantas consultas que no hicieron más que confirmar lo acertado de los astros. En los dieciocho años que ha durado este periodo, he cambiado de casa catorce veces, muchas de ellas sin haber sido planeadas e incluso algunas involuntarias, y con cada una de las mudanzas se han quedado atrás objetos que he tenido que volver a adquirir hasta tres veces teniendo que empezar de cero nuevamente. Esto me recuerda cuando de niña dibujaba casas rodantes en lugar de casas de ladrillo, por ahí cuando tenía ocho años justamente, como si en mi inconsciente infantil hubiera estado ya impreso lo que ocurriría treinta años más tarde. Qué distinta hubiera sido mi vida si tan solo hubiera escuchado a esa niña y me hubiera hecho de una casa rodante, ¡cuánto esfuerzo me hubiera ahorrado!

Hice cosas que jamás imaginé, desde tocar los dedos de mis pies con la espalda recta, asistir a festivales de yoga de tres mil personas y practicar meditaciones por ocho horas continuas, hasta viajar a la India, un lugar que nunca estuvo en mi lista y que, sin embargo, fue parteaguas en mi vida. También construí una casa en el lugar de mis sueños que ha representado el culmen en esta larga búsqueda por un espacio para establecerme, tal vez no porque ahí viviré, pero sí porque por fin tengo un lugar que me pertenece y es una morada para renovar mi espíritu.

Pero lo más sorprendente es que hace unos días leí que cuando un Mahadasha o periodo largo está por terminar, de acuerdo a la astrología védica, muchas cosas del inicio de este periodo vuelven a ponerse sobre la mesa, con la finalidad de repasar o confirmar que se han sorteado los obstáculos y se ha aprendido la lección que el planeta en cuestión necesita de nosotros para nuestra propia evolución. Justo como una espiral que primero nos lleva hacia adentro al mundo espiritual, mostrándonos lo que hay que aprender, para luego ponernos a prueba afuera, en el plano material y hacernos el examen final para pasarnos al siguiente periodo y comenzar de nuevo el ciclo.

¡*Wow*! Por fin entendí todo lo que me está pasando, los ataques de ansiedad que volvieron, todas las "similitudes" de las circunstancias de mi matrimonio anterior y el presente, mis recuerdos constantes de aquél evento con mi madre a los ocho años. Mi deseo de irme de mi país nuevamente, el volver a contactar con amistades en Italia y la reaparición de Mattia a través de un correo. Por si fuera poco, están presentes las decepciones y traiciones de amistades de toda mi vida que sucedieron en los últimos años. Sí, confirmo que el cierre de Rahu está sucediendo porque lo siento en la piel cada vez que la ansiedad me posee y quiero bajar del coche aún estando en movimiento.

En todo el tiempo que he caminado guiada por los astros, he confirmado que el mapa no es el territorio, como me lo dijera Mara alguna vez. Aunque las estrellas auguren un futuro prometedor, si no hacemos el trabajo que nos toca, las cosas no suceden, por más que esté escrito en el firmamento porque este, como todo en la vida, nunca se detiene y lo que en él se escribe, con el tiempo se borra llevándose las oportunidades.

Sí creo que hay un mapa que indica una dirección, pero solo quien elige caminar hacia ese destino, quien pone acciones a sus intenciones, consigue llegar a él. Somos cocreadores de nuestras vidas; ni nos manejan los astros, ni tenemos todo bajo nuestro control. Danzamos juntos para conseguir la vida que deseamos en nuestros sueños, en nuestros juegos infantiles, en los anhelos que nos hacen suspirar y a veces nos quitan el sueño. Somos responsables del proceso pero no del resultado, del que tenemos que aprender a desligarnos, pues este solo está en manos de Dios.

Hemos compartido dos años entre mis memorias y los consejos que me has dado gracias a la infinita bondad del universo, de hacer que los muertos se hagan omnipresentes y podamos traerlos a nuestras conversaciones aún cuando ya no estén. Espero no haber puesto palabras en tu boca que no correspondan a lo que me habrías dicho. En este recorrido he comprendido que mi felicidad no está en función de que mi pareja se convierta en la persona que yo tengo en mi mente, sino en función de mi capacidad para aceptar que nunca será esa persona y que, gracias a eso, yo tengo la oportunidad de aceptar que las cosas no son como yo quiero, sino como deben ser para mi mayor bien y eso está bien.

Ahora es mi responsabilidad tomar las acciones necesarias para guiar a mi matrimonio a donde mejor convenga a ambos, poniendo límites pero aceptando también las necesidades de mi esposo. No sé hacia dónde nos guiará el viento, sé tan solo que quisiera desde el fondo de mi corazón, que nos guíe juntos porque lo amo, así como yo puedo amar, que sea bueno o sea malo, es como mejor puedo.

Gracias a que guardaste estas cartas, Darinka, he tenido la oportunidad de revisitar el pasado en el que inició este ciclo largo de dieciocho años que me llevó al viaje introspectivo más profundo que jamás pude imaginar en mis tiempos de *material girl*, cuando lo importante no era ir a la fiesta, sino llevar el vestido. Hoy sé que estar en la fiesta es el fin único, divertirse, pasarla bien, dejarse llevar, confiar y obedecer cuando es necesario para estar mejor. El vestido es lo de menos, no importa lucir a la moda, sino lucir feliz, cómoda, sonriente dentro de la ropa que elijamos para asistir. Después de todo, también es igual de importante la compañía y la actitud con la que nos presentamos a la fiesta.

Hace unas semanas que me siento mejor, he practicado yoga y he meditado de nuevo. El movimiento me genera emociones positivas y, aunque los dolores físicos no han desaparecido por completo, ya no los detesto como cuando comenzaron. Me recuerdan que estoy viva y tengo un cuerpo que es el medio para la realización de mi alma, el cual debo atender para que pueda seguir siendo el vehículo de mi existencia, el hogar de mi espíritu que solo me pide a gritos volver a mi centro para reencontrarme con mi propósito. Sé que los dolores irán disminuyendo en la medida que mi atención esté en sentirme mejor y no en lo mal que me siento. Después de todo, es cierto que la energía va hacia donde van los pensamientos, así que me enfoco en todo lo que aún me falta por hacer para terminar de vivir la vida para la que me inscribí.

Estoy en el proceso de convertirme en la persona a la que pasaré la estafeta y hará el penúltimo tramo de la carrera de mi vida, el tramo en donde la liviandad es el requerimiento primordial. Donde lo que importa no es quien venga conmigo sino que quien lo haga, sume. En este penúltimo tramo, necesito ropa cómoda y zapatos que me permitan pisar con seguridad, ya no necesito que me ayuden a verme más alta porque mi altura ya no se mide en función de mi estatura sino en mi capacidad para contribuir a la sociedad. He aprendido a fuerza de vivencias y estas valen más que todos los libros y todas las horas nalga en la escuela, y ese aprendizaje es lo más valioso que tengo que ofrecer. Llegó el momento de entregarlo a quien pueda hacer de él una nueva joya que adorne su cabeza, como lo ha hecho en la mía.

Me convertiré en la persona que pasará la estafeta a quien atravesará la meta en representación de todas las personas que he sido a lo largo de mi vida y sin cuyos logros, no habríamos completado la carrera. La niña de ocho años que por fin entendió que aquella patada en las nalgas la forjaron, dándole las herramientas para convertirse en una mujer valiente capaz de dar saltos al vacío, enfrentando sus temores. Una niña a la que soltarse de la mano de su madre le permitió ser libre, defender su ideología, ser ella misma y no dejarse abatir por las críticas o los rechazos a las ideas de su mente, que no son más que el reflejo de su alma que adora la libertad.

La mujer de veinte años que amaba las reuniones con los amigos que la han acompañado a lo largo de toda su vida, que aprendió a creer en los hombres aún cuando su padre la abandonó y amó siempre que se le presentó la oportunidad de hacerlo porque nunca confundió los actos de su padre con el amor aunque tantas veces haya confundido el amor con los actos de sus enamorados.

Al terminar la carrera estaremos todas sonrientes y orgullosas del papel que nos tocó representar en cada fase de ella, agradecidas por lo que fuimos y listas para trascender en lo que nos convertiremos porque no habremos dejado ir oportunidad alguna de ser lo máximo que pudimos ser en cada etapa.

He comprendido por fin, que la alegría de la vida no está en tener lo que uno quiere, sino en el trabajo, el tiempo que dedicamos para conseguirlo y todas las emociones que eso nos hizo sentir, no son las metas las que valen, sino la pasión que conlleva el trabajo para conseguirlas. Comprendo también, que una vez que lleguemos a una meta, es imperante poner la vara más alta y volver a empezar el entrenamiento para superar el nuevo obstáculo y conseguir una nueva medalla que no viene en forma del reconocimiento de nadie, sino de satisfacción por haber cruzado la línea, por habernos superado a nosotros mismos.

Estoy lista para lo que viene, Darinka.

Ya no queda nada dentro de la caja, lo que me indica que es hora de despedirnos. Tal vez he prolongado por años la lectura de estas cartas por temor a sentir el vacío de tu ausencia a partir de que cierre la caja con todas mis palabras dentro. En mis cartas no están tus palabras, pero escucho en ellas tu voz que está en mi intención de compartirte todo lo que aprendí gracias a los días contigo. Repasarlo ha sido vital para salir del túnel en el que me dejaste con tu partida. Tu consultorio fue guarida, pero sobre todo, fue abrazo. Cada vez que descubrí ahí algo de mí, se encendió una luz en mi alma que se sentía perdida entonces y que tardó unos años en encenderse por completo.

Sé que hoy me darías de alta, al menos hasta la próxima crisis existencial, ¡ja, ja! Tengo la certeza de que sonríes al ver a la mujer en la que me he convertido después de dos años de tu mano, atravesando un túnel que cada vez es más profundo, pero menos oscuro que el anterior. Sé que llegará el día en el que la luz del túnel será tan intensa, que apenas me dejará ver tu mano extendida del otro lado. Hasta entonces, Darinka… hasta entonces.

Made in the USA
Monee, IL
12 September 2023

42509878R00142